はじめが肝心
有元葉子の
「下ごしらえ」

文化出版局

目次

料理の中でいちばんおもしろいところ…4
下ごしらえの道具について…96

［コラム］
塩について…13　ミニトマトソース…39
揚げる順番…46　くちなしの実…48
自家製マヨネーズ…66　ザーサイのみじん切り…91

第一章［野菜］6
青菜…8
絹さや…9
白菜…12
キャベツ…14
レタス…15
香菜、クレソン、サラダ菜…16
青じそ…18
バジル…18
みょうが…19
わさび…19
長ねぎ…20
玉ねぎ…21
セロリ…22
にんにく…23
しょうが…23
大根…24
かぶ…27
干し野菜…28
ごぼう…30
蓮根…34
ピーマン、パプリカ…36
かぼちゃ…37
きゅうり…38
なす…39
とうもろこし…42
アボカド…42
いんげん…43
しいたけ…43
カリフラワー…44
ブロッコリー…44
じゃがいも…46
さつまいも…48
山芋…50
里芋…51

第二章［肉、卵］52
ひき肉…54
豚肉…57
牛肉…58
鶏肉…60
卵…64

第三章［魚介］68
あじ…70
いわし…73
鮭…76
えび…76
あさり…77

第四章［こんにゃく、豆腐、油揚げ］78
こんにゃく…80
しらたき…83
豆腐…84
油揚げ…85

第五章［乾物］86
煮干し…87
昆布…88
かつお節…89
干ししいたけ…90
きくらげ…90
わかめ…92
長ひじき…93
小豆…94
黒豆…94

［本書の決り］
・計量カップは1カップ＝200㎖、
計量スプーンの大さじ1＝15㎖、小さじ1＝5㎖。
・塩は自然塩を使用。
オリーブオイルはエキストラバージンオリーブオイルを使用。

料理の中でいちばん
おもしろいところ

お料理のプロセスの中でいちばん目につくのが煮る、焼くなどの仕上げの段階で、フィナーレは盛りつけです。ところが最後になって、あれ、切り方がちょっとまずかったとか、食べたら野菜の歯ごたえや香りがいまひとつ、と思うことはありませんか？　仕上げの段階になってからでは元に戻ることができないので、そのまま最後まで行ってしまい、結局は満足のいかない仕上りとなることはよくありますね。

煮たり焼いたりは楽しいけれど下ごしらえが面倒、と思われがちなのはもったいないな、と思います。レシピ本では書ききれない下ごしらえをこの本でしっかりご紹介します。

「下ごしらえ力」は「料理力」です。

お料理の中で私がいちばん大切に思い、そしていちばん楽しいと思えるところは、誰の目にも触れない地味な仕事、下ごしらえです。下ごしらえは料理の9割くらいを占めるのではないでしょうか？　肝心な下ごしらえがしっかりとできていれば料理は仕上げまでスムーズにいくものです。野菜には失った水分を補って畑にあったときのように生き生きとさせ、魚や肉は食べやすくこしらえてうまみを引き出したり下味をつけたり。あさりは充分に砂や汚れを吐き出せる環境におき、冷凍えびはぷりっとするまで海水程度の水につける。下ごしらえのしかたひとつで段違いにおいしくなるものです。そして、下ごしらえを手抜かりなくできるようになると食材のよしあしも自然と見えてくるようになります。

下ごしらえを楽しめるのは料理をする人だけの特権ですね。人が見ていないところでも、下ごしらえをしている最中のキッチンカウンターの上もきちんと整って美しく見えるように心がけると、気持ちよく料理することができます。心がけるには最初はちょっとした努力も必要かもしれませんが、やっているうちに自然に身についてきますから、ぜひトライしていただきたいものです。

第一章

野菜

母から野菜は鮮度がいちばん大事、とよく言い聞かされていました。野菜は土から離れた瞬間に水分を失っていき、店頭に並んだ頃にはだいぶくたびれています。葉物がいちばんよくわかりますが、切り花を元気にするのと同じように水を吸わせて細胞に充分に行き渡らせます。しゃきっとしたらすぐに水から上げましょう。つけすぎは禁物。ピンとしてしゃきしゃきっと音がするくらい元気にさせます。充分に水分を吸った野菜は火の通りも早く、色鮮やかに仕上がり、香りや甘みが断然違います。青菜やサラダ用の野菜を元気にするとっておきの方法は、洗って表面に水がついている状態で野菜との接触面が少ないラバーゼのざるに入れ、ボウルで受けてよく冷えるステンレスプレートでふたをし、半日から1日冷蔵庫に入れておくというもの。ピンとした状態で3、4日は充分に保存できるのです。これは傷みやすい香菜をその状態でおいて10日間留守にしたときに、元気で新しい葉っぱまでピンピンと出ているのを見て、考えついた方法です。葉の表面がぬれると黒くなってしまう青じそやバジルは、葉に水がつかないようにして軸だけを水に浸して吸水させせます。

小松菜は茎と葉に分けて切り、
それぞれを水を張ったボウルに入れて吸水させることからスタート。

青菜

充分に水分を吸い込んだ青菜は、香りがよく自然の甘みがあります。青菜はまず、葉と茎に切り分けます。性質の違う葉と茎を別々にゆでることで、それぞれが均一にゆでられて、歯ざわりよく仕上がるからです。長いままゆでるときは根元のほうから先に熱湯に入れ、3～4秒後に葉先を沈めます。小松菜の場合は、ゆでてざるに上げて冷まします。ほうれん草の場合は、小松菜とほぼ同様ですが、ゆでたらすぐに冷水に放して、絞ります。

葉と茎に切り分け、吸水させる

1 根元に一文字、太ければ十文字の切れ目を入れる。

2 茎と葉に切り分けて、水に放す。写真は冷水（夏場は氷水）に浸した茎の部分。

3 一方はボウル、もう一方はざるに入れて重ねて吸水させると、場所をとらないし、ゆでるときにも混ざらないので便利。

4 よく吸水した根元。根元の切れ目が開ききって、泥が自然に落ちている。根元は流水に当てて丁寧に、葉先はざぶざぶと洗う。

1

2

3

4

塩ゆでする

ゆで加減は食べてみて歯ざわりを感じるくらい。青菜を程よくゆでるには、しっかり集中することが大切。
長いままゆでるときは根元から熱湯に入れ、一呼吸おいて葉を沈めます。根元に切込みを入れてあるとすべてしっかりと食べることができます。切ってある青菜は、茎のほうはやや長めにゆで、葉先はさっとゆでます。頃合いのゆで加減にするのは意外に難しい作業です。

1 たっぷりの熱湯を沸かして塩少々を加え、茎と葉を別々にゆでる。こつは、ひとつかみずつ熱湯に入れ、色が青くさえてきたら、大きめの網じゃくしで一気に引き上げること。

2 バットの上の角ざるに広げて粗熱を取る。ほうれん草の場合は、冷水にさらしてから同様にする。

1

2

小松菜のおかかあえ

時間がたっても水が出ないあえ物なので、お弁当に入れてもいいものです。

[作り方]

1 ボウルにゆでた小松菜を入れて、しょうゆを回しかけ、手で軽く水気を絞り、しょうゆ洗いをする。

2 しょうゆほんの少々で湿らせた糸削りと小松菜をあえる。

1

2

絹さや

春から初夏が旬の青み野菜です。張りがあって、先端のひげが白いものが新鮮です。香りと歯ざわりが命です。

筋を取って吸水させる

1 ひげを上に折ってそのまま引くと、上部の筋が取れる。下部はへたを折って同様にする。

2 さっと洗って水に放し、吸水させる。手でつかむときゅっきゅっと音がするまでおいてからゆでると、甘みと香りが際立つ。

1

2

青菜のごま油風味
香りしょうゆあえ

熱湯に好みの油と塩を入れて、水分を充分に吸わせた青菜をさっとゆでると驚くほど鮮やかな緑になります。あとは好みの調味料をからめるだけ。和洋中いかようにも味つけができます。

［作り方］

1　中華鍋にたっぷりの熱湯を沸かして、ごま油適量と塩少々を加える。充分に吸水させて葉と茎に切り分けた青菜を、ひとつかみずつ入れて程よくゆでて、バットの上の角ざるに上げる。途中、ごま油を補う。
［a］［b］［c］［d］

2　すべてゆでたら、しっかりと水気を絞る。

3　中華鍋をきれいにし、ごま油とつぶしたにんにくを入れて、香りよく炒め、しょうゆを加えて熱し、香りを充分に出したら火を止めて、絞った青菜を加えて混ぜ合わせる。好みで粗びきこしょうをふる。
［e］

a

b

c

d

e

イタリア野菜のオリーブオイルあえ

ここではオリーブオイルを使ってクレソンやルッコラ、絹さやなどをゆでています。キャベツやブロッコリーなども向いています。

[作り方]

1　たっぷりの熱湯を沸かして、塩少々、オリーブオイル大さじ1～2を加える。鍋にひとつかみずつ野菜を入れ、色が鮮やかな緑になったら、網じゃくしですくって、バットの上の角ざるに上げる。すべてゆでたら水気をしっかり絞る。途中、オリーブオイルを足しながら、絹さやも同様にする。［a］［b］

2　中華鍋にオリーブオイルとつぶしたにんにく、アンチョビーを入れて弱火で炒めて香りを出す。続いて赤とうがらしをちぎって加え、香りが立ったら、ルッコラ、クレソン、絹さやをほぐしながら加え、火を止めて、混ぜ合わせる。［c］［d］［e］

白菜

寒くなってくると重みを増して、みずみずしさもひとしお。できるだけ巻きのしっかりした新鮮なものを選びます。日もちがしますので、1株買って新聞紙に包み、寒いところに置きます。かたい外葉は鍋物や煮物、蒸し物に。真ん中の黄色いところはサラダやあえ物に。使いみちはさまざまあります。

葉と芯に分ける

白菜は1枚ずつ、葉のやわらかいところと芯に分けてから、それを料理に合わせて切ります。葉と芯は別々に使ってもいいですし、切り方をそろえて一緒に使うことできます。

1　葉と芯の境を包丁で切り分ける。葉は2等分に切る。

1

芯の大きなそぎ切り

1　白菜の芯は横にして置き、包丁を斜めに寝かせながら、3〜4cm幅に切る。

1

白菜の芯と桜えびの塩炒め

[作り方]

炒め鍋を火にかけて熱し、ごま油を多め、しょうがのみじん切り少量を加えて炒め、香りが立ったら桜えびを炒め、大きなそぎ切りにした白菜の芯を加える。油が回るようによく炒めたら、塩、こしょうで調味し、器に盛る。

葉と芯のせん切り

1　葉は長さを半分に切って重ね、丸めて端からせん切りにする。

2　芯は4cm長さに切り、それを重ねてずらし、端から繊維にそってせん切りにする。みそ汁にするとおいしい。

1

2

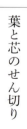

干す

干した白菜は扱いやすく、手で食べやすく切ったり裂いたりして、炒め物や煮物、簡単な漬物に使います。干すと甘みが増し、かさが減るので調理しやすく、たくさん食べられます。

1 株元の部分に十文字に包丁で切れ目を入れる。

2 切れ目を手で押し広げて途中まで裂く。

3 株元を上にして大きなかごに入れ、日光と風に当てて、しんなりするまで2〜3日干したら、切込みにそって手で裂く。包丁で切るよりもくずが出ないため。

白菜漬け

白菜は漬ける前に、まず株元に切れ目を入れて、日光と風に当てながら数日乾かします。余分な水分が抜けて漬けやすくなり、甘みが増します。

[材料]

白菜　1株

塩　干した白菜の重さの4％

赤とうがらし　5〜6本

[漬け方]

漬物容器の底に塩を少しふり、白菜の株元と葉先が互い違いになるように入れ、塩をふりながらきっちりと詰めていく。赤とうがらしをのせて中ぶたをかぶせ、重し（10kg以上）をかける。

※1日半ほどおくと水が上がってくる。もう一度、丁寧に白菜を並べ直し、重しをかけて1週間おくと食べられる。このとき、ゆずや昆布を入れてもいい。

※古漬けにするときは、塩をきつめにして重しを重くする。

塩について

料理によって楽しんで塩を使い分けています。手前左・細かい粒で薄いグレーの塩は、フランスの海塩で万能選手。中央・フランスの海塩で少し粒立っていて、魚の塩焼き、グリルした肉、サラダなどに。右・フランスの海塩で、最も大きな粒状。塩をじわじわ溶かしたいとき、パスタをゆでるとき、焼いた肉に一粒ずつつけたいときに。奥・日本の海塩。漬物や野菜の塩もみなどに。

キャベツ

きゅっきゅっと音がするように充分に水を含ませると、キャベツはぐんと甘みと香りを増します。

きれいにはがすこつ

ロールキャベツを作るときに欠かせない方法です。

1 ペティナイフで株元の部分に斜めに切れ目を入れ、芯を取り外す。

2 外葉の間に流水を注いでいくと、自然に葉がはがれていく。

吸水させる

1 ボウルに浸しやすい大きさに切り、冷水（夏場は氷水）に放して、しばらくおき、充分に吸水させる。手でさわると、きゅっきゅっときしむ音がするまでが目安。

❶

❷

❶

キャベツとアンチョビーのオイル蒸し

アンチョビーの分量によって、味つけを加減します。芯も入れて余さずいただきます。

［作り方］

ざく切りのキャベツは、吸水させたときの水分が少しついた状態で、鍋に入れる。つぶしたにんにく1～2かけ、アンチョビーを少し多めにのせ、こしょうをふったら、オリーブオイルを回しかける。ふたをして15分ほど蒸し煮にする。でき上りは、かさが半分以下になっている。

せん切り

1　吸水させて水気をきったキャベツを数枚重ね、端からせん切りに。

塩もみする

冷蔵しておくと便利な常備菜です。ここではコールスロー向きのせん切りにしましたが、切り方を変えるとまた別の用途に使えます。味つけはお好みで。

1　キャベツはせん切りにして、塩をふってしばらくおく。

2　水が出てきたら、手で水気をぎゅっと絞る。

レタス

とにかくしゃきっとさせたいのがレタス。芯から水分を吸わせます。吸水したらボウルとざるを重ね、プレートをかぶせて冷蔵庫へ。すると生き生きとして張りのある新鮮さを保ちます。

吸水と保存

1　レタスの株元を薄く切り落としてから、十文字に切れ目を入れる。

2　ボウルにたっぷりの水を注いでレタスを入れ、プレートをかぶせて冷蔵庫に入れる。しゃきっとするまで吸水させる。

3　レタスより一回り大きなボウルにざるを受け、ざるの上にレタスの株元の切り口だけが浸る程度に水を注いで、2のレタスを入れる。そのままプレートをかぶせて冷蔵庫へ入れて保存する。

香菜、クレソン、サラダ菜

ハーブの命は香りです。水分を吸って生き生きしているものは香りもいいものです。香菜は最もへたりやすいハーブなので、冷水で洗ってからざるに上げ、ざるごとボウルに入れてプレートをかぶせ、冷蔵庫に入れておきます。しばらくするとピンとします。そのまま保存すると4～5日は変わりません。クレソンとサラダ菜も同様に手当てします。このように、ピンとさせた野菜を数種合わせ、サラダにするとおいしいものです。

吸水させる

葉野菜は、洗ってから、冷水に浸す。室温が暑く感じられる頃は氷水に。ボウルごと冷蔵庫に入れておくと葉がピンとするのが早い。

サラダは手であえる

サラダに使う野菜をちぎったり、あえたりするときは、手がいちばんいい道具となります。

1　吸水させた野菜は、ざるに上げ、水気をサラダスピナーできる。これを手でちぎる。あまり小さくしないように注意。

2　サラダボウルに数種の野菜やハーブを入れて、均等になるよう、手でふんわりとあえる。

サラダスピナーで水気をよくきる

サラダにしたり、肉を巻いて食べたいときは、特にしっかりと水きりします。写真はキャベツですが方法は同じです。

1　サラダスピナーに入れて充分に回し、水気をしっかりときる。これを2～3回繰り返すと効果的。

サラダ菜とクレソンのサラダ、ホットドレッシングソース

［作り方］

ここではパンチェッタのホットドレッシングソースであえる。サラダ用に調えた葉野菜に赤玉ねぎの薄切りを加え、網焼きしてオリーブオイルでマリネしたしいたけ（43ページ参照）とエリンギをのせる。焼いたパンチェッタにオリーブオイルとワインビネガーを注ぎ、沸騰した熱いところをサラダに回しかけ、塩、こしょうで仕上げる。

青じそ

青じそやバジルは、ぬれたところから黒く変色してしまい、だめにしがちです。でも、葉をぬらさずに、軸だけを水に接するようにすれば、変色することもありませんし、しんなりとして元気がなかった青じそやバジルがみごとによみがえります。ラバーゼざるに葉っぱを入れてボウルやバットに入れ、ステンレスプレートをかぶせて冷蔵しておくと、1週間は元気なままです。我が家では「青じそを育てる」「バジルを育てる」と符丁にしています。

吸水させる

1 青じそは、軸の先をはさみで少し切る。軸を持って水の中でさっと振り洗いをして、ペーパータオルの上でぱたぱたと振って水気をきる。

2 ボウルにざるをのせ、ざるの数ミリ上まで水を注ぎ、青じその軸だけがつかるよう、ボウルに立てるように1枚ずつ並べる。

3 しばらくして水を吸い上げた青じそは、1枚ずつが盛り上がるように生き生きしてくる。プレートをかぶせ、冷蔵庫に保存する。

せん切りのあく抜き

せん切りはあくが出やすいので、あくを抜いておくと、ふんわりとおいしい薬味になります。

1 青じそはせん切りにしてざるに入れ、そのままボウルの冷水（夏場は氷水）に浸して、数分おく。

2 ざるを引き上げ、さらしやペーパータオルにとり、水気を充分に吸い取ってから使う。

バジル

袋やパック詰めのバジルを買ってきたら、すぐに開けて吸水させてしまいましょう。傷みやすいバジルがまるで育つように、びっくりするほど生き生きします。

吸水させる

1 バジルの軸に切れ目を入れる。あるいは軸を少し切り取る。ラバーゼバットに角ざるをのせて、ざるの底面ぎりぎりに水を注ぐ。網目にバジルの軸をさす。間隔をあけながら、1本ずつバジルをさす。吸水したら、水気をきってプレートをかぶせ、冷蔵庫に保存する。

2〜3時間でピンとなる。

みょうが

独特の香りとしゃきしゃき感は夏の薬味に欠かせません。ふんわりしゃきっとさせるために冷水にさらしますが、さらしすぎると風味が飛ぶので気をつけて。

小口切りを水にさらす

ふわふわっとしたみょうがは、薬味として最高です。

1 みょうがは横にして置き、小口から薄切りにする。

2 ボウルにざるを重ね、氷水を入れたところにさらす。

3 30秒ほどで、水からざるを引き上げ、水気をきる。ざるを斜めにして掛けると水ぎれが早くなる。箸でほぐして、ふわふわにする。

せん切り

1 みょうがは縦半分に切り、切り口を下にして端から縦薄切りにする。小口切りと同様に氷水にさらす。

わさび

日本の代表的なハーブである、わさび。おさしみや冷ややっこに添えたり、アボカド（42ページ参照）にのせてもよく合います。わさびは葉つきに近い部分からおろします。すると美しい翡翠色でねっとりやわらかな、おろしわさびができます。

すりおろす

1 茎の部分を、包丁の刃先で鉛筆を削るように、表面をそぎ落とす。

2 すりおろす部分だけ、ごく薄く皮をむく。

3 おろし金の目の細かいわさび用の面でくるくると回しながら、静かにすりおろす。おろしたてを使う。

※前もっておろすときは、空気に触れないようにラップフィルムで包み、2～3時間以内に使う。

長ねぎ

長ねぎはさまざまな楽しみ方がありますが、ここでは薬味についてご紹介します。薬味にするときは、包丁の切れ味がとても大切です。また、まな板が平らでないと、小口切りがくっついたりと、残念な結果に。道具をいま一度、見直しましょう。

小口切り

1 長ねぎを横にして置き、端から薄切りにする。包丁の刃を少し斜め下に向けると、切ったねぎが片側に落ちて切りやすい。包丁の角度が逆になると切ったねぎが手元に落ち、作業がしにくくなる。

さらしねぎ

1 ボウルにざるをのせて冷水を張り、長ねぎの小口切りをさらす。辛みが少し抜けたら、水から上げて水気をよく絞る。

白髪ねぎ

1 長ねぎは白い茎の部分を、4～5cm長さに切りそろえる。縦に切れ目を入れて、芯を取り出す。

2 1を広げて何枚か重ね、端から繊維にそって細切りにする。包丁が切れれば、長ねぎの表を上にして置き、切れなければ裏を上にして切るといい。

3 2の長ねぎを冷水（夏場は氷水）にさらす。しばらくおくと、辛みが抜け、せん切りがカールしてくる。

4 水から上げ、水気をよくきる。

カールしたさらしねぎ

1 長ねぎを横にして置き、端から斜め薄切りにしていく。

2 1の長ねぎを冷水にさらす。しばらくおいて、カールしてきたら水から上げ、水気をよくきる。

玉ねぎ

切ると涙が出てくるのは、揮発性の辛み成分、硫化アリルによるものだそう。みじん切りにするときは、皮をむいて半分に切って水に浸すと、栄養分が流れにくく、涙も出にくいでしょう。さらし玉ねぎは氷水にさらして、しゃきっとさせると食べやすいですが、浸しすぎないよう注意します。生玉ねぎをたくさん食べたいときは、氷水にさらすのがおすすめ。ただし、新玉ねぎなら、その必要はありません。

皮をむく

1 縦半分に切る。

2 根の部分に包丁の刃を入れ、そのまま皮を引き上げると、簡単にむくことができる。下から上へ向けてむく、と覚えておくといい。

さらし玉ねぎ

1 水に浸すと、切り口から硫化アリルが流れて、涙が出にくくなる。

2 切り口を下にして置き、端から縦に薄切りにする。

3 2を冷水(夏場は氷水)にさらして、しばらくおく。途中、水を替えながら辛みがほどほどになったら、水気をきる。

玉ねぎとわかめの酢じょうゆがけ

[作り方]

さらし玉ねぎとわかめ(92ページ参照)を器に盛り、削り節をたっぷりのせる。しょうゆと酢を同量かける。

セロリ

香味野菜としてサラダやスープ、煮込みに欠かせませんね。でも、茎だけを食べて、葉は捨てるものと思っていませんか。私は香りも味もいいセロリの葉が大好きなので、むしろ積極的に使っています。もっと葉っぱを使いましょう。

葉と茎に分ける

1 セロリの茎から葉を丁寧に切り取っておく。切り取った葉は、スープに。水からコトコトと煮出すとセロリの爽やかな香りのスープがとれる。洋風、エスニック風料理のベースとなる。

肉の下ゆでに

1 鍋に水を注ぎ、セロリの葉、長ねぎの青い部分を入れて、鶏むね肉や豚肉をゆでる。すると肉もスープもセロリの香りがついておいしくなる。

葉のせん切り

スープの浮き身やサラダなどに使います。また、香菜嫌いのかたにこれをおすすめすると喜ばれます。

1 葉を数枚重ねて下から上へと丁寧に巻き、シガレット状にする。
2 端からごく細いせん切りにする。
3 冷水（夏場は氷水）に浸してしばらくおき、引き上げたらペーパータオルで水気を絞る。

セロリと貝柱のサラダ

相性のいい素材の取合せです。

［作り方］

1 缶詰の帆立貝柱はほぐして、缶汁と合わせる。
2 セロリの茎は筋を取り、短冊切りにして塩もみし、水が出たらよく絞る。葉はせん切り（上記参照）に。
3 1と2を混ぜる。

にんにく

ここでは使用頻度の高い〝たたいてつぶす〟方法をお目にかけます。また、新にんにく以外は、芽の部分を必ず取り除きます。

皮ごとたたいてつぶす

1 根の部分を切り離しておく。にんにくをまな板に置く。包丁の柄を持って刃は外側に向け、包丁の腹の部分をにんにくに重ね、その上を別の手でたたく。

2 皮がむけるのと同時に、にんにくをつぶすことができる。

たたいてつぶす

1 皮は、根の部分に包丁を入れて、上に向けて引き上げるときれいにむける。にんにくをまな板に置いて、包丁の柄を持って刃は外側に向け、包丁の腹の部分をにんにくに重ね、その上を別の手でたたく。

芽を取る

1 新にんにくの場合は芽を取る必要はない。芽の部分が目立ってきたら必ず取る。皮をむいて半分に切り、中央の芽を取り除く。

しょうが

肉や魚の煮物に、しょうがのせん切りを天盛りにすると、きれいですし、混ぜていただくとおいしいものです。美しく盛りつけるにはこつがあります。3、4のプロセスが大事です。

せん切りと天盛り

1 しょうがは皮をむいて、繊維にそって薄切りにする。

2 1を少しずらして重ねる。端から細いせん切りにして、きちんと並べる。

3 ボウルにごく少量の水を入れ、しょうがのせん切りがくずれないよう、そのまま少し浸しておく。ばらばらにしないこと。

4 小さくたたんだペーパータオルに、少量ずつしょうがのせん切りをうけて水をきり、盛りつけた料理の上に、形よく立体的に盛る。箸は先のごく細い、盛りつけ箸を使う。これを繰り返すと、しょうがをきれいに盛ることができる。

大根

大根は秋から冬が旬。汁の実、煮物におでん、大根おろし、漬物、なますなど、さまざまな料理に使うことができますね。まずは、包丁選びが大切。大根を曲がらないように切るために、私は刃の薄い両刃の包丁、フレキシブルスライサー（94ページ参照）を使っています。刃の厚い包丁で切ると曲がってしまうからです。

繊維を断ってせん切り

トントントン……と響く包丁の音は、日本の朝の風景です。いわゆる千六本で、みそ汁にすると早く、ふわっとやわらかく煮えます。大根のみそ汁には油揚げが好相性。

1、2　大根は5～6cm幅に切り、皮を厚めにくるりとむく。

3　切り口を横に向けてまな板に置き、端から丁寧に薄い輪切りにする。

4　3をずらして重ね、端からごく細く切る。

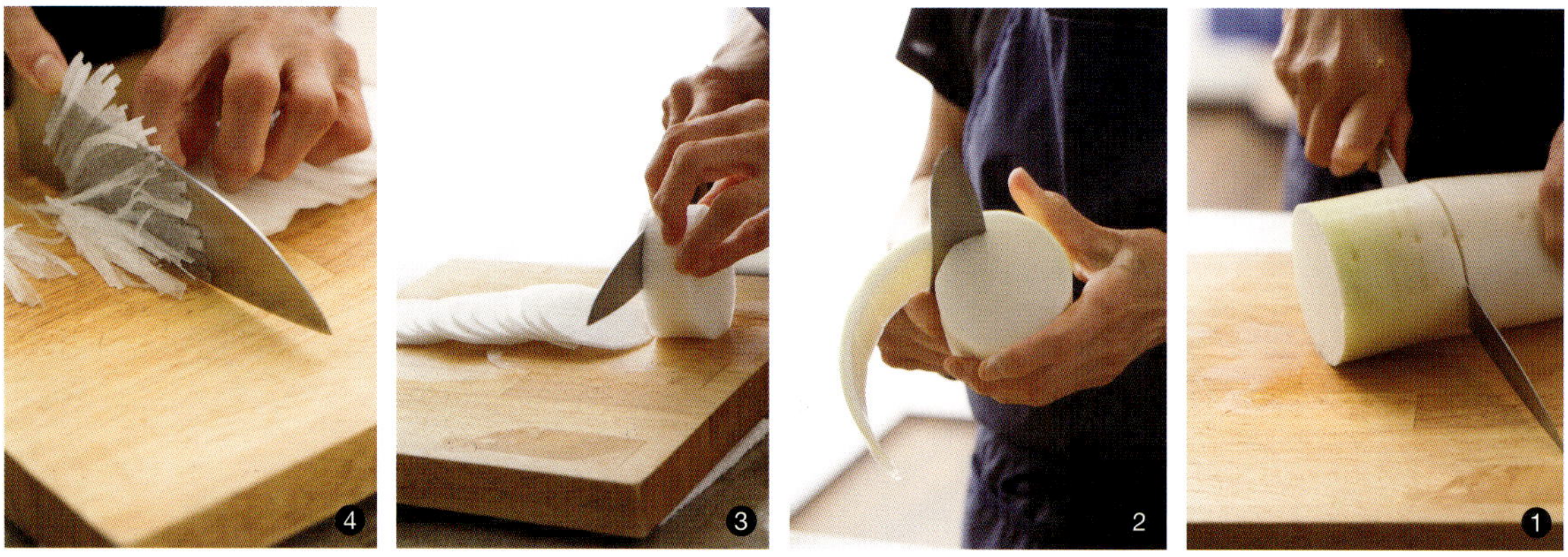

繊維にそってせん切り

食べるとわかりますが、しゃきっとして歯ざわりがいい切り方です。繊維が通っているため煮くずれしにくいという特徴もあります。

1、2　大根は5～6cm幅に切り、皮を厚めにくるりとむく。（上の写真参照）

3　切り口を下にしてまな板に置き、端から繊維にそって薄切りにする。

4　3をずらして重ね、繊維にそって端からごく細く切る。

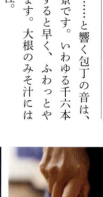

塩もみ

即席漬けやなますに、また炒め物にしてもいいものです。塩の分量は食べてみて少ししょっぱいというくらいが適量です。味で覚えておきましょう。後で水気を絞ると塩分はだいぶ薄くなります。大根の塩もみがあると、すぐに一品ができ上がります。やわらかくするには繊維を断つ切り方、しゃきっとさせるには繊維にそう切り方に。

1　ボウルに大根のせん切りを入れて、大根の重量の3％の塩を加え、しばらくおく。

2　手で軽くもむと、水が大量に出てくる。

1

2

手で絞る

少しずつ両手で水気を絞ると水分が程よく残りますので、漬物やなますに向く方法です。

1、2　塩もみ大根を両手で押してぎゅっと水気を絞る。

1

2

さらしで絞る

あえ物や炒め物、なますにおすすめの方法。

1　塩もみ大根をさらしに包んできつく絞る。

1

すりおろす

青首大根は、上部よりも地中に埋まっている部分がみずみずしくて、おいしく感じられます。いただく直前にすりおろして、軽く水気をきることが大事です。焼き魚や卵焼き、揚げ物に添えたり、なめこやイクラ、ラディッシュなどの刻み野菜とあえてもいい。

1　ピーラーで皮をむく。

2　おろし金で大根をおろす。大根の切り口がおろし金にぴたりとつくよう、水平に静かにおろすと甘みのある大根おろしになる。乱暴におろすと辛みが出る。

3　ボウルにざるを重ね、大根おろしを入れて、水気を自然に落とす。決して手で絞らないこと。

1

2

3

大根

切り方

レシピには切り方だけを書くことが多いですが、名前と形を覚えておきましょう。一般的なものをいくつか挙げてみます。

①半月切り
②色紙切り
③いちょう切り
④短冊切り

乱切り

皮つきで大きく切った大根は油でしっかり炒めてから煮ると早く煮え、しっかりした大根の味が楽しめます。皮をむいて煮るとやわらかく、やさしい口当りの煮物になります。

1　大根を横にして置き、包丁を斜めに入れて切り落とす。手前に回して切り口を上に向け、その中央に斜めに包丁を入れて切り落とす。これを繰り返す。刃を入れる角度によって、大小がつけられる。

大根と煮干しの煮物

煮干しのうまみで皮つきの大根を煮ます。ご飯の進むおかずです。煮干しの代りに、干しえび、鶏肉、豚肉でも。相手は味がよく出るたんぱく質系の素材を合わせます。

［作り方］

1　大根は皮つきのまま、大きな乱切りにする。大きな鍋を火にかけてごま油を多めに入れ、大根を焼き色がつくように充分に炒める。よく炒めると早く火が通り、こくが出る。

2　わたと骨を取り除いた煮干し（87ページ参照）と、ひたひたより少なめの水を加え、酒を多めにふり入れ、みりん少々、しょうゆを入れて、落しぶたをする。中火強で鍋返しをしながら、汁気がなくなるまで煮る。

下ゆで

厚切りの大根を自然の甘みを感じる煮物に仕上げるには、たけのこと同様にぬかと赤とうがらしを使います。ぬかは、ゆで汁とよく混ぜ合わせておけば、吹きこぼれが防げます。ふろふき大根、おでんなどの煮物にどうぞ。ぬかはあく抜きによく使うので、米屋で求めて常備しています。さらに上品な煮物にするなら丁寧に面取りします。

1 大根は4～5cm厚さの輪切りにして、皮と身の間の筋の内側に包丁を入れ、皮を厚くむく。

2 鍋に水を注ぎ、ぬか1カップを加えて、泡立て器でよく混ぜる。

3 2の大根と赤とうがらし1本を入れて、弱火でゆっくりとゆでる。

4、5 竹串がすっと通ったら、大根を取り出し、よく洗って水に放す。

おでん風の煮物

[作り方]

鍋に下ゆでした大根、皮をむいた里芋、たっぷりのだし、酒、しょうゆ、みりん、塩少々を入れ、油抜きをした油揚げを加える。しばらく煮て、よく味がしみるまで静かに煮る。

かぶ

かぶは、すぐに葉と実を切り離すと、双方の鮮度を保つことができます。煮物やポトフーなど、かぶの茎を少し残しておきたいときの、茎の間の汚れを落とす方法をお目にかけます。

茎を残して皮をむく

1 ひげ根を切り落とし、茎を少し残して葉を切り離す。茎の部分がつかるように、水に放しておく。しばらくすると茎が開いてくるので、竹串で茎の間のどろをかき出し、よく洗う。下から上に向けて、包丁を前後に動かさないよう一気に皮をむき上げると、きれいに仕上がる。

干し野菜

野菜の量が多くて持て余したときや、皮や葉っぱ、根などの切れ端の使いみちに困ったら、捨てずに日に干してみませんか。生とは違う滋味深い味が楽しめます。野菜をざるに並べて、日光と風に当てます。干し加減は、完全に干し上げる一歩手前までが目安です。半干しはもどさずにそのまま使います。使うときは水で軽くもどし、水気をぎゅっと絞ってから、調理します。干し野菜は、生よりもずっと早く火が通り、煮る、炒める、揚げると調理法を選ばず、しかも、独特のうまみもあるので、最小限の調味料で味が決まります。ぜひ取り入れていただきたい方法です。ここでは、大根ときゅうりの干し野菜を紹介していますが、ほかの野菜については、『干し野菜のすすめ』（文化出版局刊）を参考になさってください。

きゅうりを干す

1 きゅうりは斜め切りにして、目の粗いざるに並べて日に干しておく。乾燥して薄くなり、しんなりするまでが目安。

大根を干す

皮を厚くむいて、さっと干したものはしょうゆ漬けにしたり、からからに干したものは煮物にしたりして、無駄にしません。干し大根ならではの格別なおいしさがあるからです。

1 皮、葉っぱの部分、切れ端をざるに並べて日に干しておく。

2 よく干した状態の大根の皮としっぽの部分。水につけてもどし、おいしいだし汁で油揚げと一緒に煮てもいい。

きゅうりのしょうがじょうゆあえ

［作り方］
完全に干したきゅうりは、水に放して軽くもどし、手で水気をぎゅっと絞る。半干しならそのまま使う。すりおろしたしょうがとしょうゆを混ぜ、きゅうりとあえる。

大根と鶏手羽の煮物

こっくりと煮えた大根は、ご飯が進む味。しこしことした独特の歯ごたえと大根の奥深い味わいが楽しめます。鶏手羽のほかに、スペアリブなどもおすすめ。骨からいいだしが出るからです。

［作り方］
2cmほどの厚さに切った半月切りの大根を、ざるに並べて日と風に当てて、半日〜1日ほどしんなりするまで干す。鍋を火にかけて熱し、ごま油をひいて、しょうがの薄切りと鶏の手羽先を炒めて、表面を軽く焼く。干し大根を加えて炒め、ひたひたより少なめの水、酒、みりん、しょうゆを適量加え、落しぶたをして中火で煮る。汁気がほとんどなくなったら、鍋をあおって上下を返して仕上げる。

ごぼう

すがすがしい香りと食感のよさが身上です。最近は泥つきが減り、洗いごぼうがよく売られています。食べないよりはいいですが、泥によって風味が保たれるわけですから、少しの手間を惜しまないで、泥つきを選んでいただけたらと思います。

おせちに欠かせないたたきごぼう、お煮しめ、きんぴらごぼう。ほかにも豚汁や炊込みご飯など多種多様の料理があります。私は新ごぼうのせん切りを、アーリオ・オーリオのように、にんにくとオリーブオイルで炒めたりもします。実は、ごぼうがアーティチョークの風味に似ているので、その代りに作るというわけです。

共通の手順

1 たわしで洗う
流水の下で、たわしでこすりながら洗う。包丁でこすらないように。

2 酢水に放す
切ったごぼうは、あくが出るので酢水に放してあく止めをする。つけすぎると風味が抜けるので5分でざるに上げるといい。

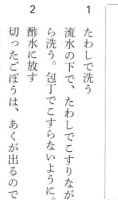

①斜め切り

②斜め薄切り

③せん切り

④細切り

⑤小さな乱切り

⑥大きな乱切り

⑦小口切り

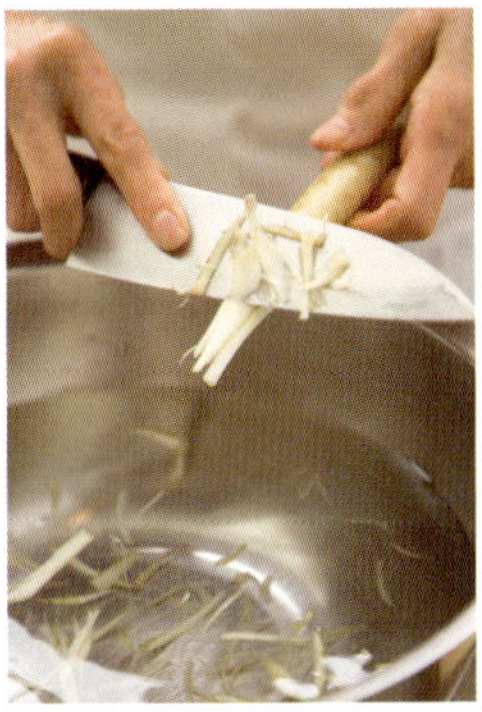

⑧ささがき

⑨たたきごぼう

①斜め切り
ごぼうを横にして置き、包丁の刃を斜めに入れて均等の厚みに切りそろえる。煮物に。

②斜め薄切り→③せん切り
ごぼうを横にして置き、包丁の刃を斜めに入れて均等の厚みに薄く切る。
→薄切りを重ねてずらし、端から縦に、ごく細く切る。

④細切り
ごぼうを4～5cm長さに切り、縦薄切りにして、それを重ねてずらし、端から細く切る。厚みはお好みで。きんぴらごぼうなどに。

⑤小さな乱切り
ごぼうを横にして置き、包丁を少し斜めに入れて切り、切った面を上に回して、同じ面に斜めに包丁を入れて切る。これを繰り返す。けんちん汁や筑前煮などに。

⑥大きな乱切り
小さな乱切りと手順は同様で、包丁を深く斜めに角度をつけて切る。

⑦小口切り
ごぼうを横にして置き、端から輪切りにする。豚汁などに。

⑧ささがき
ごぼうの切り口に、十文字の切れ目を深く入れ、鉛筆を削るようにそぎながら酢水に浸す。途中、十文字の切れ目を入れながら、同様にする。さっと煮、汁物、かき揚げ、炊込みご飯などに。

⑨たたきごぼう
ごぼうを横にして置き、端を持って回しながら、すりこぎで繊維を割るようにたたく。

ごぼう

くるみ入りのきんぴらごぼうの下ごしらえ

くるみ入りのきんぴらごぼう

下ごしらえをしたごぼうをしゃきっと歯ざわりを残して炒め、メープルシロップでこくと甘みをつけた新味のきんぴらです。くるみはいることで歯ざわりよく香ばしくなります。

[作り方]

強めの火で鍋を熱し、ごま油を加える。ごぼうのせん切りを入れ、菜箸でさっと手早く混ぜながら炒め、酒、メープルシロップ、しょうゆを入れて、汁気を飛ばしながら炒め、汁気がなくなったらくるみを加える。

味をみて、甘みやしょうゆを足し、よければ火を止めてバットにあける。粗熱が飛んだら、器に盛る。

ささがきごぼうと煮干しの炊込みご飯

ふわっと立ち上るいい香りはごぼうと煮干し。かむほどにうまみが感じられて、箸が止まらないほどの滋味です。

[作り方]

米をといで炊飯器に入れ、水を注ぎ、酒、しょうゆを入れて水加減する。昆布を入れ、上に頭とわたと骨を取り除いた煮干し（87ページ参照）、ささがきごぼうを入れて炊く。炊き上がったら昆布をせん切りにして戻し入れ、上下をさっくりと返して器によそう。

蓮根

梅雨の頃に出始める新の蓮根はあくが少なく、しゃきっと仕上げたい酢漬けやサラダ、炒め物に向きます。寒くなり始める11月くらいからの蓮根はもっちりとしてほくほく感があるので、揚げたり、煮物やスープにして、こっくりした味わいを楽しむのもおすすめです。選び方は、ずんぐりと丸く、節がすぼまっていて、切り口が新鮮なものを。穴に泥が入っていたり、変色しているものは避けます。

また、蓮根を切るときは、薄い両刃の包丁、フレキシブルスライサー（96ページ参照）を使うと、まっすぐに切れて、割れたりもしません。包丁選びは蓮根の下ごしらえの基本です。蓮根が切れたら酢水につけてあくを抜きます。2月頃の蓮根はあくが強いので、かたくり粉を足すと、かたくり粉が薄いグレーに染まるほど、あくが出ます。

切り方

2等分に切る

蓮根の中央に包丁の刃を当て、包丁の背に手を添えて、押しながら切る。［a］

輪切り

蓮根を横にして置き、しっかり押さえて、端からまっすぐに切る。［b］

めん棒でたたく

1 蓮根をポリ袋に入れて、袋の口を下に折り込む。上からめん棒でたたき、用途に応じた大きさに砕く。

皮をむく

2タイプの方法をご紹介します。

厚く切った蓮根の皮をむく場合

切り口を下にして置き、包丁を下に向けて皮を切り落とし、回しながら同様にする。［a］

輪切りの蓮根をきれいに丸くむく場合

輪切りにした蓮根を手に持ち、包丁でくるりと皮をむく。皮をむいたあとがなめらかにきれいに仕上がるので、煮物などのときに。［b］

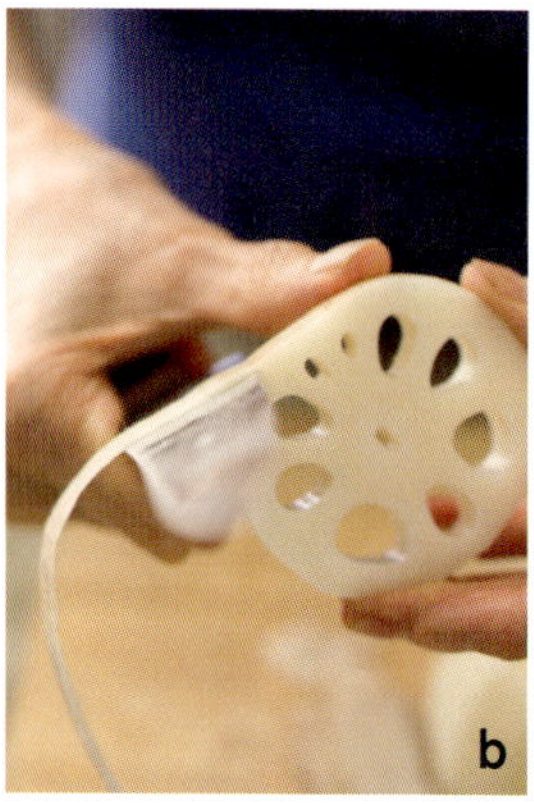

棒状に切る

蓮根で作るきんぴらは、しゃきしゃき感を味わいたいので、1cm角の棒状に切って炒めていますが、それだけで食べごたえが出ておいしいものです。おせちにも必ず作る一品です。

1 蓮根は3～4cm幅に切って皮をむき、切り口を下にして置き、1cmほどの厚さで縦に切る。

2 1の蓮根を倒して置き、1cm弱の厚さで縦に切る。

3 切ったそばから酢水に放し、5分ほどで水気をきる。

蓮根のきんぴら

[作り方]

鍋を熱してごま油を入れ、蓮根を加えて、油が回るまでよく炒め、赤とうがらし、みりん、酒、しょうゆを同割りで加え、汁気がなくなるまで炒める。

スライサーで薄く切る

酢ばすを作るときは、スライサーで薄い輪切りにしたものを使います。

1、2 酢水を入れたボウルにスライサーをのせ、蓮根をスライスして、浸しておく。

酢ばす

さっとゆでて甘酢に浸すだけの手軽さ。

[作り方]

1、2 熱湯を沸かして酢を加え、薄切りの蓮根をひと網ずつ加えては、すぐに引き上げ、甘酢（酢と砂糖2対1の割合。塩少々）に浸す。これを繰り返す。引き上げるときに湯が加わり、ちょうどいい味加減になる。

ピーマン、パプリカ

まな板を汚さない工夫をするだけで、作業が楽に進むことをご存じでしょうか。ピーマンやパプリカの種がくっついて、包丁もまな板も、ことによると手まで種だらけということ、ありませんか。そんなときは、果実の皮をむくように、ピーマンの果肉だけを切り取れば、後にはへたについた種だけが残ります。種は散らばらずに、まな板も包丁もきれいなままです。

果肉を切り取る

1、2 ピーマンを立てて持ち、へたの横からペティナイフを入れて下に向け、縦長に果肉を切り取る。3～4か所から同様にナイフを入れ、すべて切り取る。

3 果肉を切り取ると、残りはへたについた種とわただけになる。パプリカもピーマンと同じ方法で。

せん切り

1 縦長に切ったピーマンの内側を上に向けて並べ、端から縦にごく細く切る。青椒肉絲やパスタ、サラダに。

ピーマンカップ

肉詰めにするときの方法です。

1 ピーマンは縦2等分に切り、へたと種の間に切れ目を入れる。

2 へたを残したまま、わたと種を丁寧に取り除く。

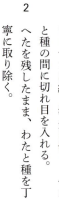

かぼちゃ

皮も果肉もかたくて切りにくい野菜の筆頭ですが、かたいものほどおいしいのがかぼちゃ。包丁はできるだけ刃が厚く、大きなものを用意してください。私は中華包丁を使っています。かぼちゃを安定のいい位置に置いて、添えの手が包丁の刃の下にいかないように充分注意してください。

安全な切り方

1 スプーンで種とわたを取り除く。

2 まな板を安定のいい場所に置いてかぼちゃをのせ、包丁の刃を当て、別の手で包丁の背をしっかり押さえながら、包丁をてこのように動かして切る。中華包丁の場合は、刃を入れたまま、トントントンとたたきながら切ることができる。

くし形切り

1、2 4等分に切ったかぼちゃをまな板に置き、包丁の刃を一方は切り口の角に、一方は角からずらして当て、別の手で包丁の背をしっかり押さえながら、包丁をてこのように動かして切る。角を交互にずらしながら、均等に切っていく。

素揚げ

糖分の多いかぼちゃは、高温で揚げると表面だけが焦げて、中まで火が通らないということがあります。

1 揚げ鍋に油を入れて火にかけ、油がぬるいうちに、かぼちゃを入れ、徐々に温度を上げながら、ゆっくりと火を通していく。

2 竹串がすっと通ったら、高温にしてからりと揚げる。

甘煮

［作り方］

大きめに切ったかぼちゃを厚手の鍋（無水鍋）に入れ、メープルシロップエキストラライトと塩ひとつまみをまぶし、水大さじ1を加えて15分ほどおく。水っぽいかぼちゃなら水は足さなくていい。初めは中火にかけ、3分ほどで蒸気が出てきたら火を弱め、10～12分ふたをしたまま煮る。かぼちゃに串がすっと通ったら鍋返しをし、汁気が多ければ煮つめてカラメル状にする。かぼちゃによって水分が出たり出なかったりする。

揚げかぼちゃのスパイスあえ

［作り方］

フライパンにクミンシードとコリアンダーシードを入れ、弱火でいる。さらにすり鉢でパウダー状にすり、ここに塩を加え、かぼちゃの素揚げにまぶして器に盛り、低温でパリッと揚げたバジルを添える。

きゅうり

傷みやすくて長期の冷蔵保存がききませんので、食べきれない分は塩をふって冷蔵するか、切って日光に当て、干し野菜にすることにしています。また、古漬けもおいしいぬか漬けは、保存のきくよい調理法といえます。きゅうりは、切り方によって料理の趣を変えることができ、サラダ、酢の物、漬物に始まり、炒め物やスープまで幅広く楽しむことができる、大好きな野菜です。

たたききゅうり

ごま油、酢、しょうゆ、豆板醤を混ぜたたれをかければ、中国風サラダに。ご飯が進みます。

1 きゅうりを横にして置き、手で端を持って回しながら、端から端へすりこぎで力を加減しながら、たたいて割る。

小口切りの塩もみ

塩をふる方法もありますが、ごく薄切りにしたきゅうりは塩水に浸すと、均等に塩が回ります。

1 きゅうりを横にして置き、包丁を斜め下に向けて、端から薄い輪切りにする。

2 塩水（3%の塩水。なめてしょっぱいくらいが目安）に1を浸す。

3 2がしんなりしてきたら、すぐに両手に持ってぎゅっと水気を絞る。

せん切り

1 きゅうりを横にして置き、斜めに包丁を向けて、端からごく薄切りにする。

2 1を少しずらして重ね、端からごく細く切る。

翡翠きゅうり

きゅうりの皮を薄くむくと、翡翠のように美しい色が楽しめます。この緑色が濃くて美しいほどおいしいきゅうりの証拠です。

1 きゅうりを横にして置き、手で端を持ちながら、ピーラーで、力を入れないよう、薄く皮をむく。

2 乱切りにするときは、きゅうりを横にして置き、斜めに包丁を入れ、切った面を上にして、斜めに包丁を入れる。これを繰り返す。

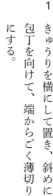

なす

淡泊な味わいでどんな食材とも合わせやすく、みそや油との相性も抜群です。"なす紺"と呼ばれる紫色を保つには、焼きみょうばんが必要です。薬局かスーパーのスパイス棚に置かれています。ただし、必ずしもあく取りが必要とは限らないので、料理によって下ごしらえが異なります。

薄切りの塩もみ

刃の薄い包丁、フレキシブルスライサー（96ページ参照）で切ると、美しい薄切りができます。塩が回りにくいので、塩辛いと思うくらいのきつめの塩加減にします。サラダ、あえ物、即席の漬物などにぴったりです。

1 なすを横にして置き、端からごく薄い輪切りにする。

2 塩水と焼きみょうばん（塩水1カップに対して焼きみょうばん小さじ½ほど）をボウルに入れ、なすを浸す。落しぶたをして浮かないようにする。

3 しんなりしたら、手でなすを持ってぎゅっと水気を絞る。

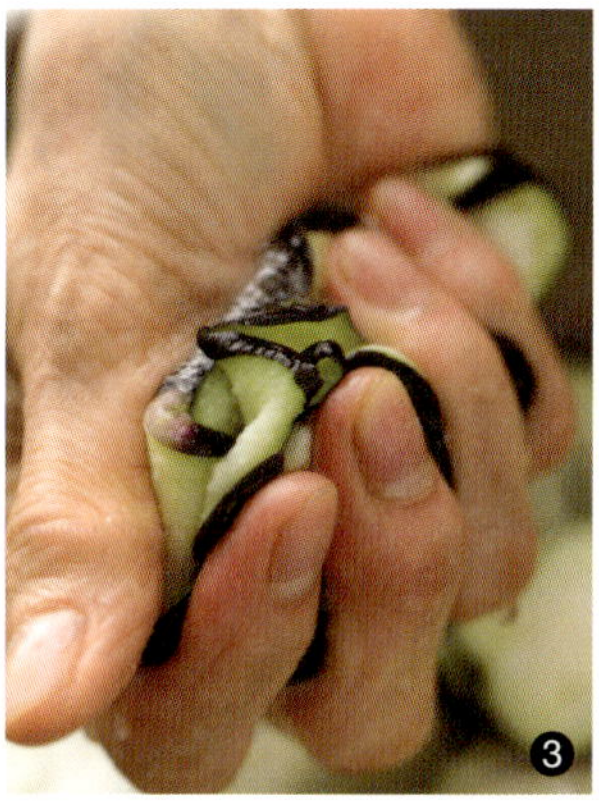

揚げる

なすを色よく揚げるには1個ずつ高温でさっと揚げること。一度に全部を揚げるより短時間で作業が終わり、揚げ油も少量ですみ、美しく仕上がります。

1 少なめの揚げ油を高温に熱する。なす1個を用途に応じた大きさに切る。

2、3 すぐに揚げ油になす1個分を入れ、高温で15秒ほど角がうっすらきつね色になるまで揚げる。次のなすを切り、同様に揚げる。

ミニトマトソース

完熟トマトのような、濃厚なおいしさが味わえるのがチェリートマトです。フレッシュなトマトソース作りもこれに限ります。

1 ミニトマトはへたを取って横半分に切る。にんにくは皮をむいてたたいて割る。鍋にオリーブオイル、にんにくを入れて火にかけ、ミニトマトの切り口を下にして並べる。トマトの皮がはじけ、汁が出るように弱火でグツグツと煮る。

2 塩で調味し、かき混ぜたときに鍋底が見えるまで煮込む。

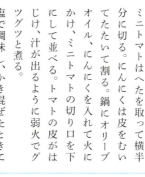

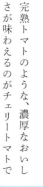

きゅうりとなす、モッツァレッラチーズのサラダ

2種の野菜の食感が響き合う清涼感あふれるサラダです。モッツァレッラチーズは切るよりも手で裂くほうがおいしいと思います。

［作り方］

塩もみしたきゅうりとなす（38、39ページ参照）を混ぜ合わせて器に盛り、手で食べやすく裂いたモッツァレッラチーズをのせる。ミントを添え、オリーブオイルを回しかけて仕上げる。

揚げなすとミニトマトソースのスパゲッティ

こっくりとした野菜の甘さが引き立つパスタ料理。野菜のソースには太めのパスタであるスパゲッティやショートパスタを合わせるのがイタリア人の流儀です。

［作り方］
ミニトマトソースに揚げなす（共に39ページ参照）を加えて混ぜ、塩で味を調える。たっぷりの熱湯を沸かして塩を多めに加え、スパゲッティを袋の表示時間よりも短めにゆでる。まず熱々のパスタにパルミジャーノ・レッジャーノをたっぷりとふりかけて、ソースとあえる。器によそい、さらにパルミジャーノ・レッジャーノをたっぷりとすりおろしていただく。

とうもろこし

ゆでるよりも蒸すほうが、とうもろこしの甘みが引き出されます。ここでは粒を上手にはずす方法をお目にかけます。簡単なことですが、意外と思いつかないのだとか。サラダやスープ、炒め物にどうぞ。

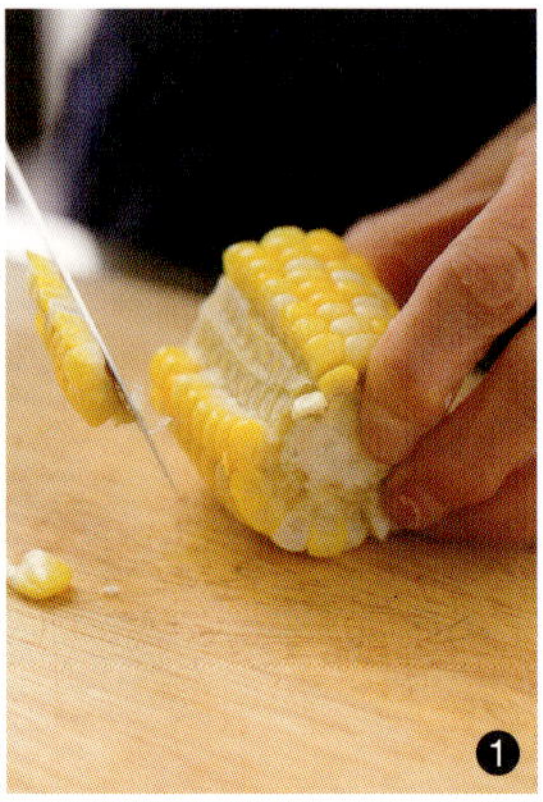

粒を上手にはずす

1 とうもろこしは皮とひげ根を取り除き、蒸し器で火が通るまで10～15分ほど蒸して、ざるに上げる。これを3～4等分の長さに切る。1切れを横にして置き、粒の間に包丁を入れ、そのつけ根をはがすような気持ちで、1列分を包丁で切り取る。

2 スペースが空いたら2～3列ずつ包丁で切り取っていく。

アボカド

豊富な脂肪分と栄養価の高さは、果実の中でも一番だそう。

割り方

1 縦にぐるりと切れ目を入れ、両手に持ってひねる。

2 片側についた種に包丁の刃を刺し、包丁とアボカドを逆の方向にねじるように回すと、種がはずれる。

3 種の空いた部分と切り口にレモン汁をたっぷりとかけ、変色を防ぐ。

アボカドとみょうがのわさび添え

［作り方］

アボカドにみょうがの小口切り（19ページ参照）をたっぷりとのせ、わさびを添える。お好みでしょうゆをかけてどうぞ。日本酒にも合う一品。

いんげん

ごまあえやサラダ、炒め物にと夏こそおいしい野菜です。

吸水させる

1 なり口を切り落とし、長さを2等分ほどに折って、ボウルの冷水（夏場は氷水）に浸し、パリッとするまでおく。

ゆでる

ゆでるときは真剣勝負。タイミングが大切。たっぷりの熱湯を沸かし、塩少々を加えて、パリッとさせたいんげんを入れる。食べてみながらゆで加減を調節して、いんげんの甘みを感じたら引き上げ、歯ざわりよく仕上げる。

素揚げ

さっと揚げても、じっくり揚げてもおいしく、ゆでるより難しくありません。

1 揚げ油を高温に熱し、水気をよくふいた、いんげんを入れる。表面にちりちりとしたしわが出たら、さっと引き上げる。

いんげんのパセリあえ

［作り方］

揚げたてのいんげんを、塩、にんにくのすりおろし各少々、レモン汁で調味し、刻んだパセリをたっぷりまぶす。肉の付合せに。トマトと煮ても美味。

しいたけ

生しいたけは水分が多いので日もちがしません。なるべく早く使いきるか、残ったら日光に当てて完全に乾燥させ、干ししいたけとして使います。

手で裂く

裂くと断面が広くなって味がしみやすくなります。また、軸ごといただけるので、おすすめの方法です。

1 しいたけは石づきを切り落とし、かさの中央に切れ目を入れる。

2 そこから手で軸まで裂く。

3 同様にして4等分にする。

しいたけの網焼き

［作り方］

じか火で、あるいはグリルで焼いて、熱いうちに好みの調味料をかけておく。しょうゆ、あるいはオリーブオイルと塩など。

カリフラワー

花蕾（花のつぼみ）を食用にした野菜です。真っ白で形が丸く、ずっしりと重みがあるものを選びます。花蕾がしまっているものがよく、生のままサラダや、ピクルスに、蒸し野菜にも。花が開いてやわらかいのは食べ頃を過ぎているので、クリームスープなどにします。つぼみ部分に包丁を入れると、ほろほろとくずが出て無駄になりますので、常に茎の部分だけを切るのがこつです。

切り分ける

1 株元を上に向けて切り口に包丁を入れ、茎の部分に深く切れ目を入れ、裂くように2等分にする。つぼみの部分は切らないこと。同じく茎の部分にだけ切れ目を入れて、包丁を倒しながら、裂くように半分に切る。あるいは、手で裂いてもいい。

小房に分ける

1 茎と花蕾の境にペティナイフを刺し込み、切り取る。

薄切りにする

1 茎だけを薄く切って、つぼみは包丁の刃先で開くようにして裂く。

蒸す

蒸し器にカリフラワーを入れて、強火で蒸す。茎の部分に竹串を刺して、火の通りぐあいを確認しながら、火が通ったものから順に取り出す。

ブロッコリー

原産地はイタリアを中心とした地中海沿岸だそう。花蕾と茎の両方を味わうことができます。カリフラワーと同じく、茎に包丁を入れて切り分けます。茎は皮を丁寧にむくと、余すところなく食べられます。茎のほうが歯ごたえがよく、花蕾の部分よりおいしいくらい。生のまま、ぬかに漬けると美味。また、ブロッコリーはゆでると花蕾が水を含むので、蒸したほうが短時間でおいしく火が通り、断然おすすめです。

小房に分け、茎の皮をむく

1 茎に包丁を入れて、切り分ける。小房ごとに茎に包丁を入れて切り取る。皮がかたいところは、茎の皮を下から上に向けて引き上げてむく。中央に残る花蕾の塊は、茎にだけ切れ目を入れて裂く。

2 茎の皮は、下から上へと、包丁の刃で引き上げながら、はがすようにむく。

小鍋で蒸すとき

1 少しばかりを蒸すときは、小鍋に少量の水を注ぎ、ざるを重ねてブロッコリーを入れて蒸す。蒸し上がったら、ざるごとトングで取り出すといい。

カリフラワーとスティックセニョールのマヨネーズ添え

蒸したてを自家製マヨネーズ（66ページ参照）でいただくのが、いちばん好きな食べ方です。スティックセニョールは、茎ブロッコリーのこと。茎の皮をはがして蒸し、盛り合わせました。

じゃがいも

じゃがいもにはあくがあります。切ったままにせず、かぶるくらいの水につけ、5〜10分ほどおいて、あくと余分なでんぷんを取り除くと、なんの料理にせよ、きれいに仕上がります。

蒸す

ポテトサラダを作るなら、じゃがいもを皮つきのまま蒸すとおいしく仕上がります。サラダにするなら蒸したてにビネガーと塩を軽くふっておくと、その後ゆっくりと仕上げられます。わが家はオリーブオイルと塩であえていますが、ご自分なりの味を楽しんでください。

1　じゃがいもはよく洗って、皮つきのまま蒸し器に入れ、強火で竹串がすっと通るまで蒸す。

2　熱いうちに皮をむいてボウルに入れ、フォークで4等分くらいに粗く割る。

3　ポテトサラダにするなら塩、ビネガー各少々で下味をつけておく。

1

2

3

ピクルス入りポテトサラダ

[作り方]

ケイパー、刻んだきゅうりのピクルス、酢漬けのタラゴン、ちぎった赤とうがらしを加え、オリーブオイルをたっぷりと回しかけて仕上げる。

揚げる順番

一度で油を汚さないために、揚げる順番を知っておくと無駄がありません。最初はハーブなどから揚げて、使う度に油をこし、きれいにしておきます。フライを揚げたらいよいよ最後、油を処分します。

1　ぬるい油から低温でハーブや、ナッツの素揚げ。

1

2　野菜の素揚げやてんぷら。

2

3　中温で肉や魚介の素揚げや魚介のてんぷら。

4　中温で肉や魚介のフライ。

4

フライドポテト

（写真52ページ）

中はほくほく、外はかりかりのフライドポテトはいかが。くし形に切って、4分ほど下ゆでしてから数度揚げて仕上げると、少しおいてもかりっとしたままです。

［作り方］

1　皮をむいてくし形に切ったじゃがいもは、かぶるくらいの塩水に浸し、5～10分おいて、引き上げる。

2　熱湯を沸かして塩少々を加え、じゃがいもを入れて4～5分ほどかためにゆでて、バットの上の角ざるに広げ、水気をきる。

3　揚げ鍋に油をたっぷりと注いで中温に熱し、水気をきったじゃがいもを入れる、薄く色づいてきたら、一度引き上げる。

4　揚げ油を高温に熱して、3のじゃがいもを入れ、油から出したり入れたりを数回繰り返す。

5　最後に高温の油に戻し入れ、ざるに上げてふったときに、シャカシャカと軽い感じになったら、でき上りのタイミング。

6　熱いうちに塩をふって仕上げる。

1

2

3

4

5

6

さつまいも

新のさつまいもはあくも少なく、みずみずしいものです。冬場になると、ほっくりとしてきますが、あくが多くなるので、あく抜き用に焼きみょうばんが必要です。身の詰まったさつまいもは、皮下の筋の内側まで、厚く皮をむいて、みょうばん水に30分〜1時間ほどつけます。あくが抜けたら、よく水洗いをして調理します。

下ゆで

1 さつまいもは横にして置き、薄刃の包丁で1cmほどの輪切りにする。
2 ボウルに水を注ぎ、焼きみょうばん少々を加えて溶かす。
3 さつまいもを入れ、10分おいて、あくと余分なでんぷんを落とす。
4 鍋にさつまいもとたっぷりの水を入れて火にかける。湯の表面がゆらゆらするくらいの火加減でゆで、竹串が半分ほど刺さるまでになったら、引き上げて水に放す。この後、きんとん、甘煮などにする。

1

2

3

4

さつまいもの薄甘煮

ほんのりと甘い煮物は箸休めによく、彩りもいいので秋の行楽弁当にもおすすめです。

［作り方］
鍋に下ゆでしたさつまいもと水を入れ、砂糖1カップと塩少々、くちなしを加えて火にかける。あくをすくい、静かに煮て、竹串がすっと通ったら火を止めて冷ます。器によそって、枝豆を散らす。

くちなしの実

乾燥させたくちなしの実は、栗やさつまいもを色よく煮るのに欠かせません。

1、2 ガーゼでくちなしの実を包んでひと結びする。
3 まな板に置いて、上からめん棒などでたたいたら、鍋に入れる。

1

2

3

さつまいもの薄甘煮

山芋

種類はさまざまありますが、大和芋、いちょう芋と呼ばれるものが、手に入りやすく、粘りもあっておいしいです。せん切りや薄切りにして酢の物にしたり、とろろにして山かけやとろろ汁にしたり。玄米ご飯にかけても。とろろにするときは、目の細かいおろし金ですります。いちばんいいのは、すり鉢の筋目ですりおろす方法で、時間がかかりますが、粘りが強く出ます。一方、フードプロセッサーを使うとあっという間。でも粘りはいまひとつ。

おろし金でする

1　山芋はすりおろすところだけ皮をむいて、手で持つところを確保する。さらしで巻いてもいい。直接触れると手がかゆくなるので注意する。

2　力を入れないで、おろし金の目の細かい面（わさびおろしの面）で、ぐるぐる回すように静かにする。すり鉢の目でこするとなお粘りが出ておいしくなる。

❶

2

山芋のすりおろし

目の細かいおろし金ですると、箸で持ち上がるほどの粘りが出る。

里芋

独特のねっとりした食感や甘みは、ほかの芋では味わえません。泥を洗った里芋が売られていますが、表面が乾燥して味が落ちているのが残念。泥つきに勝るものはありません。里芋料理を作るなら、あらかじめ、洗って皮の水気をふいておきます。水分がないというだけで、ぬめりが出ないし、手がかゆくなることもありません。

洗って乾かす

1 たわしでこすり、流水の下で泥を洗い落とす。

2 ペーパータオルやふきんで、水気をよくふく。ざるにのせて乾かしてもいい。

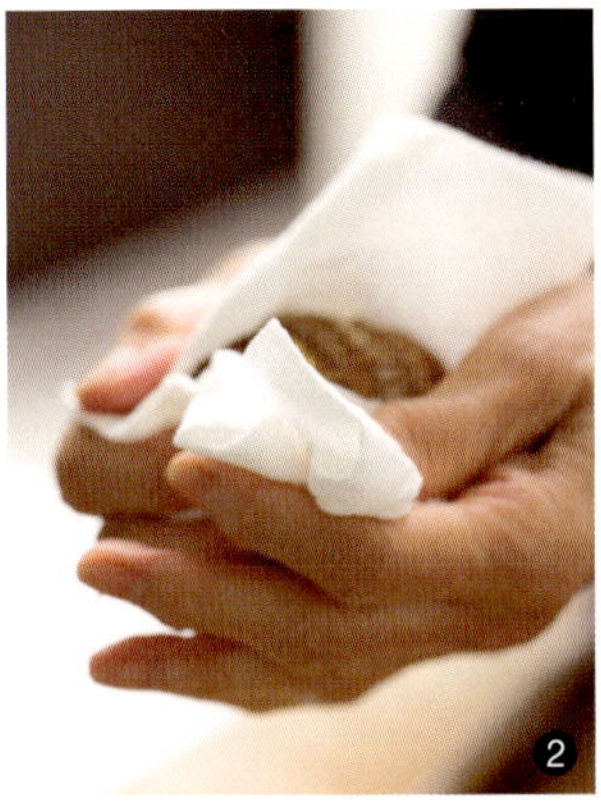

皮をむく

私は、皮をむいたら塩もみも下ゆでもせずに煮ています。多少のあくや、ぬめりも味のうちと思っていますし、ぬめりの成分は健康効果もあるのだそう。

1 天地の一方の皮を切り落とす。

2 下から上へと皮を一気にむく。これを繰り返す。

3 汚れやぬめりを、ペーパータオルでよくふき取る。

第二章

肉、卵

ハンバーグとフライドポテト

ふだんの日は、ご飯と野菜料理が中心の食生活を送っています。野菜をおいしく食べるために肉の力を借りる、といったレシピが多いのです。とはいえ、健康を保つためには肉や卵など、たんぱく質の摂取が大切であることに間違いありませんので、ときには肉をメインに料理を楽しむようにもしています。だからこそ、素性のわかっている肉や卵をきちんと選んで使いたい。いい素材を選ぶことは、消費者の大切な役目でもあると考えています。

一般に、食卓にたびたび登場する肉料理は、家族が喜ぶ定番が多いのではないでしょうか。それらをグレードアップさせるこつが、実はいろいろとあります。肉は部位によって使い分けることと、質のいいものを選んで、買ってきたらすぐに下ごしらえをすませること。そうしておけば肉本来の味を存分に引き出すことができますし、後の調理が楽になります。また優秀なたんぱく源として最も身近な存在の卵。こちらも、料理に応じた下ごしらえをご紹介します。

蓮根の肉詰め揚げ、蓮根の揚げだんご

作り方
ハンバーグ 54 ページ
フライドポテト 47 ページ
蓮根の肉詰め揚げ、
蓮根の揚げだんご
共に 55 ページ

ひき肉

卵や野菜と並び、ふだんよく使う食材の一つです。豚、鶏、牛それぞれのひき肉に、牛と豚の合いびきなどが売られていますが、私は、粗びき、細びき（二度びき）を合わせたり、あるいは使い分けたり、塊肉をフードプロセッサーにかけて好みの大きさにひき分けたりと、そのときどきで変化をつけて楽しんでいます。

粗びき肉を作る

なかなか売っていないのが粗びき肉です。そんなときは、好みの肉を買ってきて、フードプロセッサーにかけます。肉の素性がわかるという点でも安心。

1　ここでは豚の肩ロース肉の塊を使用。包丁で2～3cm角に切る。

2　フードプロセッサーに入れて、数秒撹拌すると粗びきになる。ひきすぎないように注意する。

ハンバーグだねを作る （写真52ページ）

とびきりおいしいハンバーグを作るには、脂肪が多めの豚肩ロース肉の細びきと、牛赤身肉の粗びきを用意してください。もちろん、ご自分でひき肉にしてもいいです。

1　豚ひき肉と牛ひき肉を、同量用意する。

2　ボウルに豚ひき肉、卵、玉ねぎのみじん切り、パン粉を入れ、塩、こしょうをする。

3　2をしっかりと混ぜて、粘りが出て、白っぽくなるまで、充分にこねる。

4、5　3に牛ひき肉を加えて、さらに粘りが出るまでよくこねる。

6　5のハンバーグだねを等分に分けて、両手でぱんぱんと受けながら空気を抜き、こんもりした小判形にまとめる。

7　フライパンを熱して油をひき、6を並べて中火から強火で焼く。焼き色がついたら返し、２１０℃のオーブンで約10分焼く。肉汁に好みのソースを合わせていただく。

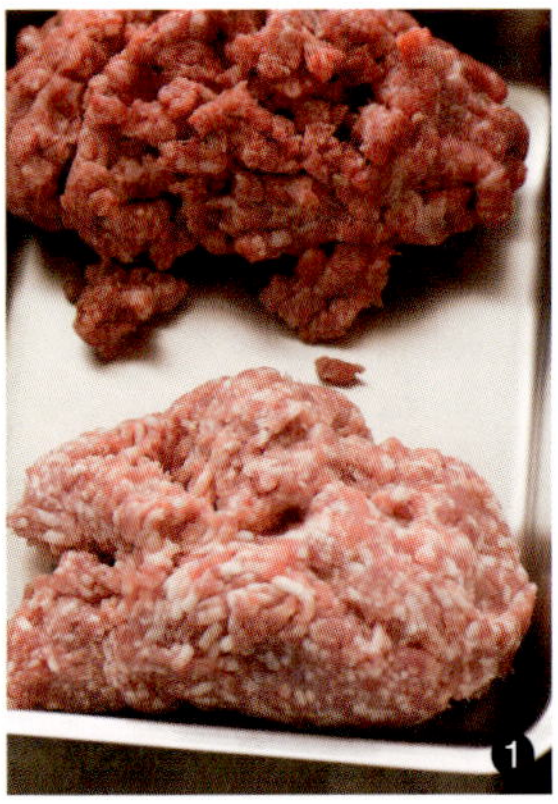

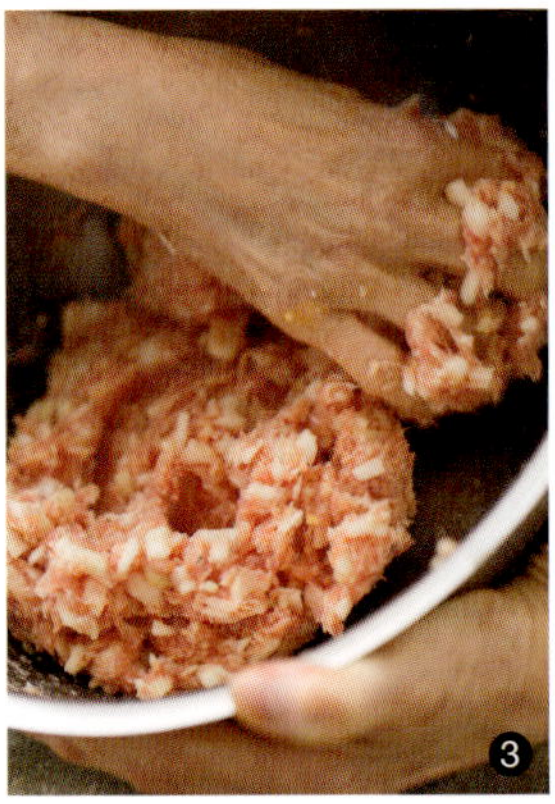

蓮根の肉詰め揚げ（写真53ページ）

この料理を初めて食べたのは、ちゃんこ鍋のお店でした。あまりにおいしいので、自分なりに工夫して作った料理です。蓮根は皮つきのまま調理します。

［作り方］

1、2　蓮根は太めの節を使い、両端を切って約15～16cm長さにする。バットに鶏ひき肉を入れて広げ、蓮根の切り口を何度も押し当てながら、穴に肉を詰める。

3、4　2を2cm厚さに切る。これを中温に熱した揚げ油でじっくりと揚げ、中まで火を通す。練りがらしとしょうゆでいただく。

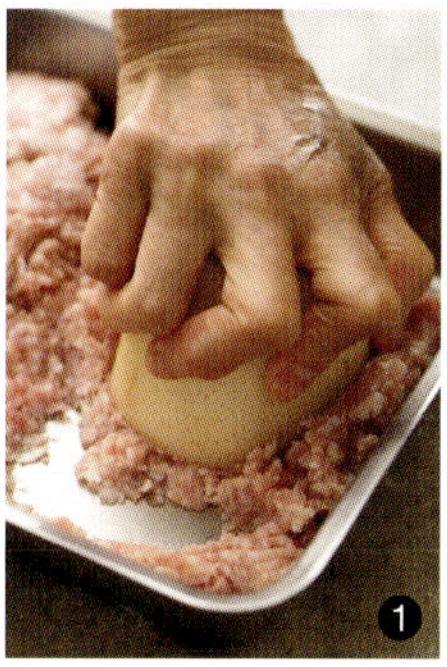

蓮根の揚げだんご（写真53ページ）

蓮根の肉詰めを作るとき、穴の小さな両端は切り落とすので、残ったひき肉と切れ端で作るのがこの料理。二つの料理は一緒に作ることになります。

［作り方］

1　蓮根は皮ごとポリ袋に入れて、めん棒でたたいて、たたき蓮根（34ページ参照）にする。ボウルに入れて、豚か鶏のひき肉、長ねぎ、しょうが、にんにくの各みじん切り、塩、こしょう、かたくり粉を加え、粘りが出るまでよく混ぜる。

2、3　低温の揚げ油に、1の肉だねを丸くして静かに落とし、徐々に温度を上げて、からりと揚げる。

ひき肉

傷みやすいひき肉ですが、とにかく炒めておけば、いい常備菜になります。密閉容器に入れて冷蔵すると5日間はもちますので、野菜や卵と炒めたり、ご飯に混ぜてもおいしく、重宝です。

炒める

1、2　フライパンを熱して油をひき、ひき肉を中火で炒める。最初は、肉の水分が出てくるので、それを飛ばすように炒めていく。

3　さらに炒めると、脂分が出てくるので、ペーパータオルで少しだけ吸い取る。取りすぎてもおいしくない。

4、5　しょうゆを加え、ひき肉にしょうゆがしみ込み、油が透き通ったら、バットに広げて粗熱を取る。

※スパイスを加えるとまた別の味が楽しめる。

豚肉

ヒレ肉はやわらかく、もも肉はしっかりとした口当りの脂肪が少ない部位。脂肪が多くやわらかなバラ肉、適度な脂肪とうまみがある肩ロースやロース肉。このように肉の部位と性質を知っておくと適材適所の使い方ができます。

塊肉をゆでる

ここでは豚バラ肉を使っていますが、脂肪を摂取したくないときは、ももか肩ロース肉を使うといいでしょう。

1　豚バラ肉の塊を鍋に入れ、たっぷりの水を注ぎ、長ねぎの青い部分1本分と、しょうがの薄切りを数枚、塩少々を入れて火にかける。煮立つまでは中火にかけ、出てきたあくを引く。弱火で30～40分ほど（肉の大きさによるので、串を刺して澄んだ肉汁が出るまで）ゆでる。

2　竹串がすっと通ったら、火を止めてそのまま冷ます。

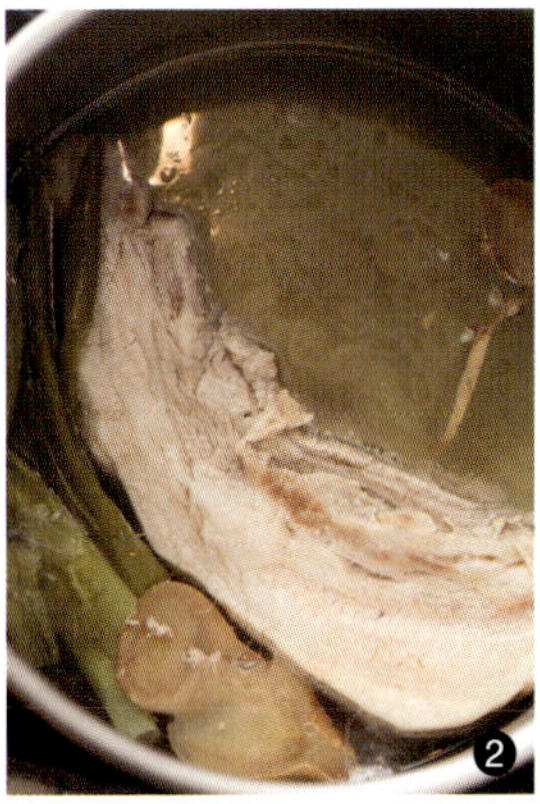

ゆで豚のキャベツ巻き

［作り方］
パリッとしたキャベツ（14、16ページ参照）で巻くと、食が進む。食べやすく切って器に盛り、豆板醤とみそを同量合わせたものをつけ、キャベツで巻いていただく。

マリネする

豚ロース肉の薄切りや、切落しなどをマリネして、冷蔵庫に保存。味がなじんでおいしくなり、日もちもします。味つけはお好みでかまいません。薄切り肉は、きちんと広げてから下味をつけたり、加熱したりすることが大切です。ここでは中国風のマリネを紹介。酢を入れると、肉がぐんとおいしくなって、塩を加えなくても保存がききます。

1、2　バットに肉をきれいに並べて、にんにくのすりおろしを散らし、酢を少々、こしょうをふって、ごま油を多めに回しかける。プレートをかぶせて冷蔵庫でマリネ。

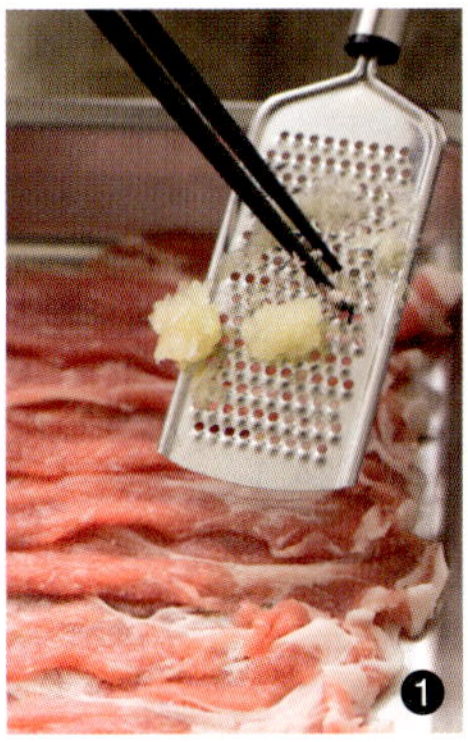

豚肉と玉ねぎ炒め

［作り方］
炒め鍋を熱してごま油をひき、マリネした豚肉をよく炒め、豆板醤、かきソース、しょうゆで味つけし、そこへくし形に切った玉ねぎをほぐして入れ、好みの味加減に炒め合わせる。

牛肉

豚肉とほぼ共通ですが、ヒレ肉やもも肉、ランプ肉は脂肪が少なくてやわらかい部位。バラ肉は脂肪が多くてやわらかい部位。その中間が肩ロースやロース肉で、適度な脂肪とうまみがあります。むね肉の一部であるブリスケは、脂肪があってもかたいので、煮込みには最適です。また、信頼のおける店の切落し肉は、もとの品質が高いですから、よりお買い得です。さて、肉のおいしさをストレートに味わうなら、厚く切って焼くのが一番で、薪の火で焼いたリブロースは究極のおいしさです。そして、たたきを作るなら、鉄製のフライパンに限ります。

塊肉を焼く

ランプ肉に鉄製のフライパンでしっかりと焼き色をつけます。

1 あらかじめフライパンを中火でしっかりと熱して油を少量ひき、牛肉を入れる。

2 焼き色がついたら、別の面を焼きつける。これを繰り返してすべての面をしっかりと焼く。肉400gならおよそ8～10分ほどかかる。

3 アルミフォイルを三重にして焼いた肉をしっかりと包み、室温になるまでしばらくおいて休ませる。焼上りを熱いうちに切ると肉汁が出てしまい、おいしさがなくなる。

1

2

3

牛肉のたたき

[作り方]

焼いて室温に戻した肉を取り出して、好みの厚さに切る。肉汁と好みのソースを混ぜたものと、白髪ねぎ（20ページ参照）をたっぷりと添える。

※イチボ肉も美味だが、冷えると脂が固まるので、作りおきにはランプ肉がいい。

煮る

塊肉は大きいまま、あるいは大きめの角切りにする。薄切り肉は、1枚ずつはがし、調理しやすくする。

牛肉と干ししいたけの煮物

ブリスケを大きく切ってじっくり煮ると、肉の繊維がほぐれておいしいです。

[作り方]

1 水にもどした干ししいたけ（90ページ参照）を用意する。ブリスケは4cm角に切る。すべて（しいたけの軸も）を鍋に入れて、干ししいたけのもどし汁、ひたひたの水を注いで火にかける。

2 沸騰したらあくを引き、弱火にして落しぶたのように利尻昆布をのせ、3時間ほど煮る。肉がやわらかくなったら酒、しょうゆで調味し、汁気が半分くらいになるまでゆっくりと煮る。盛りつけるときに昆布を切って混ぜる。

1

2

牛肉のたたき

鶏肉

鶏肉は水分が多くほかの肉に比べて傷みやすいので、早めに手当てをします。できるだけ新鮮なものを選び、ペーパータオルで表面の水分などをふき取り、塩を適量すり込んで冷蔵庫へ入れておきます。鶏もも肉の場合は、肉の間に隠れている脂を取ります。また、筋を切ることが大切。使いきれないときは、脱水シートで包んで、冷凍してもいいでしょう。

骨つき肉を切る

骨がついていると肉の縮みが少なくて、骨からのうまみも出ておいしく仕上がります。

1、2、3　骨つきのもも肉は、関節のところに包丁で切れ目を入れ、上下を切り離す。関節を切るときはペティナイフでOK。

4　3をさらに半分に切るときは、骨を切るので中華包丁の柄に近いほうでたたいて切る。

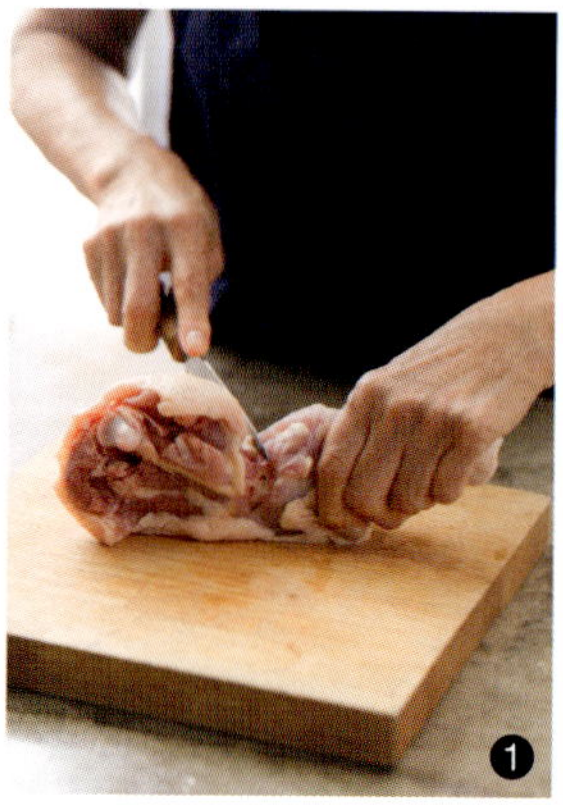
1

2

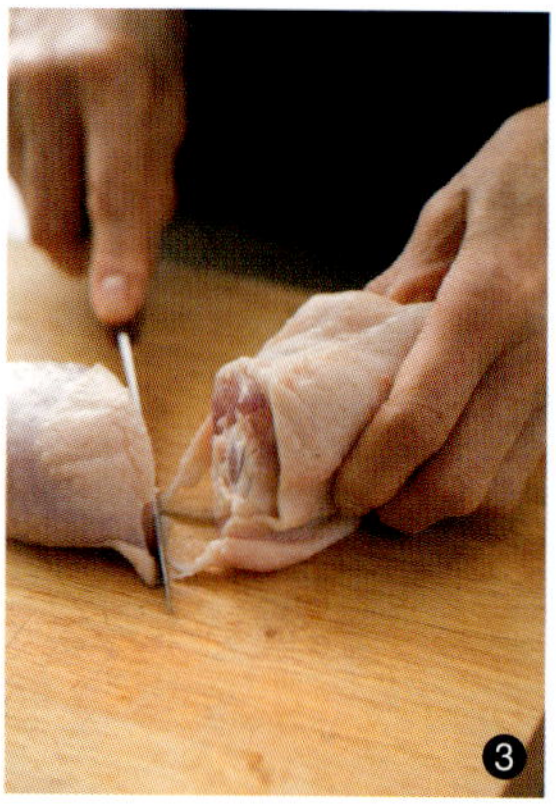
3

4

鶏肉のトマトカレー

（写真62ページ）

［作り方］

1　バットに切った鶏肉を入れ、塩をしてから30分ほどおく。水分をしっかりふき取り、こしょう、クミンパウダー、カレーパウダーをふってよくなじませたら、プレートをかぶせて、冷蔵する。

2　鍋にオリーブオイルを多めにひき、カルダモン、コリアンダーシード、クローブの粒、クミンシード、赤とうがらしを香りが立つまで炒める。

3　2に、にんにくと玉ねぎの粗みじん切りをたっぷりと加えて強火で炒め、かさが半分に減ったら、ミニトマトかトマトをたっぷりと入れてグツグツと煮る。

4、5　鶏肉をフライパンで焼き、焼き色がついたら3の鍋に加えて30分以上煮る。味をみてパウダーのスパイスを足す。カレーリーフを入れるとおいしい。

1

2

3

4

5

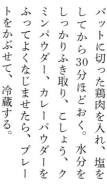

もも肉を切る

もも肉の身の厚い部分や内側にある筋膜を切ると、やわらかく、食べやすくなります。

1　肉の厚い部分に切れ目を入れ、筋膜がついているところにも切れ目を入れて、厚みを均等にする。

2、3　骨がついていた部分がへこんでいるので、そこを半分に切る。さらに2等分に切る。

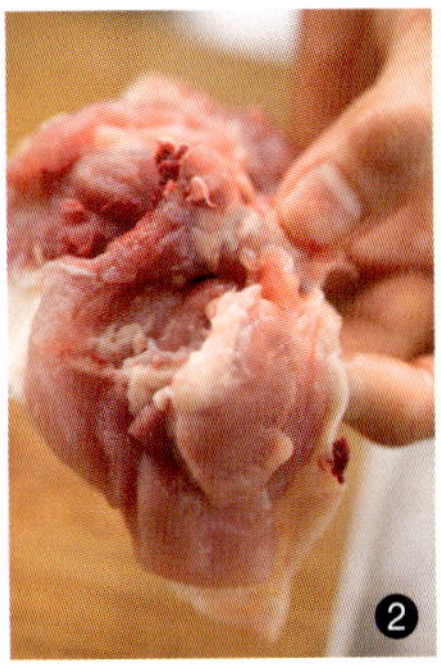

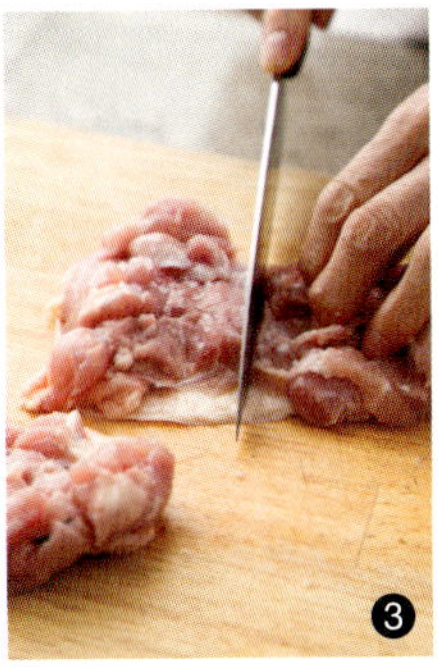

鶏肉のハーブマリネ焼き

（写真62ページ）

防腐作用があってよい香りのローズマリーを添えた、定番のマリネです。これに小麦粉をたっぷりまぶして揚げれば、フライドチキンができます。

［作り方］

1　バットに切った鶏肉を並べて、塩、こしょうをふり、裏側も同様にする。身を上にして、切れ目にたたいてつぶしたにんにくをのせる。

2、3　ローズマリーの枝を上から下へしごき、葉を取って1に散らす。オリーブオイルをたっぷりと回しかける。

4　オーブン焼きにする場合は皮目を上にしてフライパンに並べ、200℃のオーブンでこんがりするまで25〜30分焼く。

5　鉄のフライパンで焼く場合は中火で充分に熱し、薄い煙が上がったらオリーブオイルを少量ひいて、鶏肉の皮目を下にして入れる。こんがり焼き目がついたら、返してじっくり焼き、中まで火を通す。

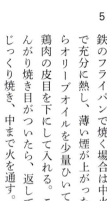

鶏肉のトマトカレー
玄米ご飯とともに。

鶏肉のハーブマリネ焼き
トマトを添えて。

鶏肉

鶏むね肉は脂肪分のない筋肉ばかりの部位で、さっぱりとした肉質が特徴です。蒸すかゆでるかして、できるだけしっとりと仕上げたいもの。ゆでた汁に浸したまま冷ますのがこつです。

むね肉をゆでる

しっとりさせるには、鶏肉を静かにゆでたらそのままゆで汁の中に浸しておくことです。ゆで鶏は加える野菜やたれやドレッシングによって、いかようにも変化がつけられますし、サラダやあえめんにもおすすめ。ゆで汁はよいスープになります。

1 鍋にたっぷりの水、セロリの葉、長ねぎの青い部分を入れ、鶏むね肉を加える。

2 火にかけて煮立ったらあくを引いて火を弱め、ふたをせずに静かにゆでる。肉に竹串がすっと通ったら火を止めて、ゆで汁につけたまま冷ます。

3 粗熱が取れたら、筋肉の繊維にそって薄く裂く。薄切りにしてもいい。ゆで汁はおいしいスープになる。

1

2

3

ゆで鶏の中国風サラダ

［作り方］

鶏むね肉に白髪ねぎ（20ページ参照）、翡翠きゅうり（38ページ参照）を添えて、たれをかけていただく。たれは、練りごま、豆板醤、酢に、しょうが、にんにく、長ねぎの各みじん切り、しょうゆを混ぜ、鶏のゆで汁で少しのばす。甘くしたければ、メープルシロップ、みりん、砂糖などを加える。

卵

目玉焼き、厚焼き卵、卵とじ、スクランブルエッグ、茶碗蒸し……。ざっと書き出してもこれだけ出てきますが、料理によって卵のとき方が違うことは、ご存じでしょうか。菜箸で泡立てないよう静かによくといて、さらにこすのは茶碗蒸し。薄焼き卵と錦糸卵のときにもざるでこします。中国風の卵炒めのときは、ざっくりと混ぜるだけ。厚焼き卵は、白身を少し切ろうかといった感じでほどほどに混ぜます。とき方の違いで仕上りがこうも変わるものかと実感されるでしょう。

よくといてこす

茶碗蒸しやだし巻き卵など、なめらかな口当りに仕上げたいときの卵の下ごしらえです。

1、2　ボウルに卵を割り入れ、菜箸4本ほどを平行に動かしながら、白身を切るように、泡が立たないように混ぜていく。

3　よく混ざったら、ざるで一度こす。ざるにはカラザや白身が少し残る。

4　こしたところ。

1

2

3

4

ざっくりとく

1 ボウルに卵を割り入れ、菜箸で白身を少し切る程度に混ぜる。

1

厚焼き卵

関東風の甘い厚焼き卵です。築地の卵焼き屋さんの仕事を見て覚えました。卵焼き鍋はよく熱して、しっかり油をなじませておくと、卵がつかずきれいに仕上がります。

［作り方］

1 卵6個はボウルに割り入れて、白身を切るように粗く混ぜ、砂糖大さじ4～5、しょうゆ小さじ1、酒大さじ2～3、塩少々を入れて混ぜる。卵焼き鍋を火にかけて熱し、油をひいてなじませ、卵液の1/6量を注ぎ入れ、全体に流す。

2 ふくらんでいるところを菜箸で刺して、なじませる。

3 焼けた卵を手前に折り、空いたところに油を足してなじませる。

4、5 焼けた卵を奥に寄せ、手前に卵液を注ぎ、奥の卵焼きの下にも流し入れる。焼けたら奥の卵焼きを手前に折って寄せる。卵焼きの横に菜箸を刺すと作業がしやすい。足りなければ油を足しながら、3～5の作業を3～4回繰り返す。

6 卵焼き鍋の角に押しつけるようにして形を整える。

7 でき上がったらまな板にとって、粗熱を取る。食べやすい大きさに切って、大根おろしをたっぷり添え、しょうゆ少々をかける。

1

2

3

4

5

6

7

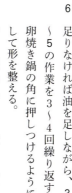

卵

うに卵

卵の黄身のみそ漬けという料理がありますが、それより手軽にできてとびきりおいしいのが、うに卵です。実は、しょうゆ漬けの黄身なのですが、うにのようにねっとりと濃厚なうまみが味わえます。ご飯や山芋にのせて召し上がれ。

[作り方]

1　小さな器に卵の黄身1個を入れ、しょうゆを注ぐ。

2　冷蔵庫に一晩おく。黄身に透明感が出てきたら食べ頃。

自家製マヨネーズ

本当においしいマヨネーズを召し上がっていますか。良質の油を選んで自分で作ると、あまりにも簡単、しかもおいしいので、もうマヨネーズは買わないと思うかたも多いはずです。私はオリーブオイルを使っていますが、お好みの油でどうぞ。

1　材料は全卵1個分、オリーブオイル1カップ、塩小さじ⅔、白ワインビネガー大さじ1、こしょう少々。

2　オリーブオイル以外の材料をミキサーに入れて攪拌する。

3　2にオリーブオイルをたらたらと少しずつ加えながら、攪拌していく。回らなくなったらでき上り。

4　器に入れて冷蔵庫へ。

※1でにんにくやパセリを入れてよく攪拌しても美味。オイルが少ないとマヨネーズがゆるくなるので注意。オリーブオイルで作ると冷蔵によって適度に固まる。保存期間は冷蔵庫で5日間。

ゆでえびは 76 ページ参照

第三章

魚介

すし飯、あじの酢じめ（72 ページ参照）、酢ばす（35 ージ参照）、青じそのせん切り（18 ページ参照）、すだちの薄切り。下ごしらえは準備万端。あとはさっくりと混ぜるだけ。

あじと酢ばすの混ぜずし

魚は余分な水分を抜いて、うまみを引き出すことが大事です。いわし、あじ、さば、かつおなどの青背の魚や、ぶりやサーモン、たらなどの切り身魚までみな一緒です。水分を抜くには細かい塩を使います。鯛など皮や塩粒までかりっと焼きたいときは、粒の大きな塩をふりかけます。塩はごく細かいものから粒立ったものまで、さまざまありますので、作りたい料理の方向性によって使い分けています。ラバーゼの角バットに角ざるをセットして魚をのせ、塩をふってしばらくおくと、魚の表面に水分が出てきます。出た水分は多ければバットに落ちるので、水っぽくなることはありません。魚の表面の水気はペーパータオルなどで押さえて取ります。

ほかに、脱水シートを使うという方法があります。いわしを脱水シートで巻き、さらにアルミフォイルで包んで冷凍保存しておけば、2～3週間はおいしいまま。海外旅行から帰っても、いわしがあるだけでほっとします。

あじ

青背の魚の脂には、脳の活性化を助けるDHA（ドコサヘキサエン酸）、血液をさらさらにするEPA（エイコサペンタエン酸）が豊富に含まれています。傷みやすい魚でもあるので選び方が大切です。目が澄み、腹がかたくしまって、全体のつやがよければ新鮮です。買ってきたらすぐに内臓を取り出し、血を洗い流します。

三枚おろし

あじ切り包丁がなくても、よく切れるペティナイフでおろすことができます。1、2では三徳包丁を使用、3～10ではペティナイフを使用しています。

1、2　あじは横にして置き、胸びれの脇に包丁を斜めに入れて中央まで切り、身を返して同様にして、頭を切り落とす。

3　縦に置いて腹の部分を少し切り取り、はらわたを取る。

4、5　流水の下で腹の中をきれいに洗い、血合いの骨の部分を爪でしごいて取り、水分をペーパータオルできれいにふく。

6　ぜいごを取る。まず、途中の部分にとがった刃先を入れて、頭に近いほうに向けて切れ目を入れる。

7　ぜいごの切れ目に刃先を尾に向けて入れ、ぜいごを切り取る。反対側も同様にする。

8　横にして置き、骨の上に刃を当てながら切り進め、上身を切り離す。

9　身を反対にして、背のほうから骨の上に刃を当てながら切り進め、下身を切り離す。

10　腹骨に斜めに包丁を入れ、そぐように切り離す。

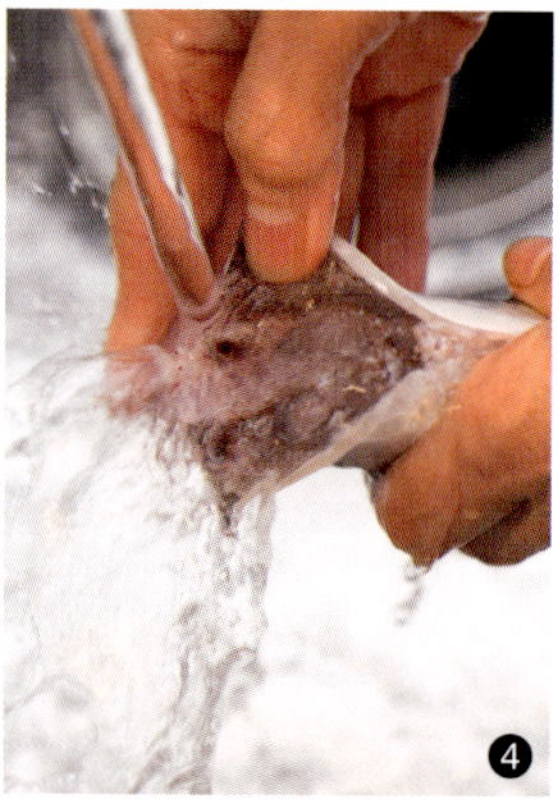
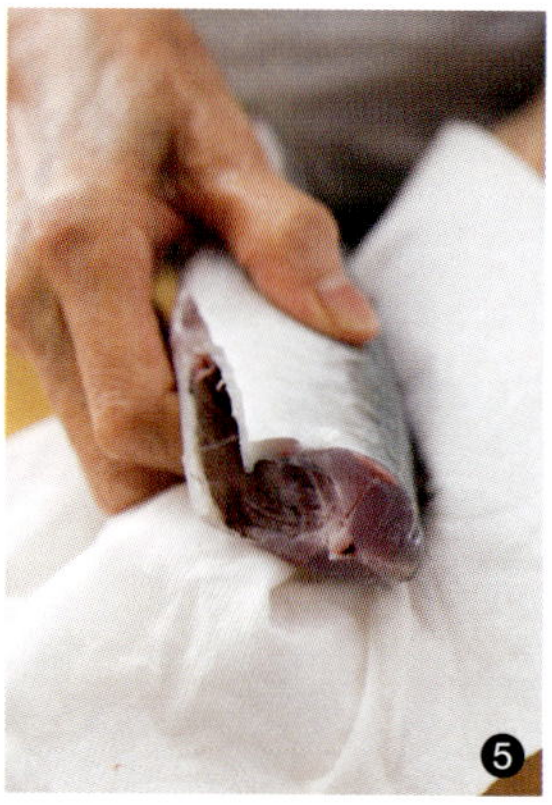

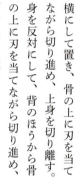

あじのソテー

こんがりと香ばしく焼くと、あじそのものの味が引き立ちます。レモンをたっぷりと添えます。

［作り方］

1　三枚におろして、中骨を抜いたあじは水気をふき、プレートに並べて塩、こしょう、小麦粉をうっすらと両面にふり、軽くたたいて粉をなじませる。

2　フライパンを熱して、オリーブオイルをひき、あじの両面をこんがりと焼く。器に盛り、レモンのくし形切りを添える。

あじ

酢でしめる

三枚おろしにしたあじは、塩で脱水してうまみを引き出し、酢に浸してしめます。酢の物やおすしに。また焼いてもおいしいです。塩の量やおく時間、酢に浸しておく時間によって、好みの味加減にできるのは、家庭料理ならではです。

1、2　バットに角ざるをのせ、三枚おろしにしたあじを並べ、両面に細かい塩をふる。

3　しばらくおくと、表面に水分が上がってくるので、これをふく。

4　塩による脱水で浮いてきた骨を骨抜きで抜く。身の中央に指を当てて骨のありかを確認し、骨抜きで頭のほうに引き抜くと抜きやすい。

5　バットにあじを並べて、浸るように酢を注ぎ入れる。途中、上下を返す。

6　皮を上にして置き、端から皮を手で引きながら包丁の背で押し、皮を引く。

あじときゅうりのしょうが酢

[作り方]

酢じめのあじときゅうりもみ（38ページ参照）に、酢としょうがのしぼり汁を合わせ、しょうゆ少々を混ぜてかける。おろししょうがを天に盛る。

いわし

目がきれいで腹がしまっているものを選びましょう。体にもいいので頻繁に食べたいものです。いいいわしがたくさん手に入ったときは、脱水シートがあれば冷凍保存も可能です。冷却能力の高い冷凍庫が望ましいです。

脱水シートは浸透圧を利用して食材の水分を取ってくれるので、うまみだけが凝縮。焼くと生干しのようでおいしい！ 玄米ご飯と焼いたいわしさえあれば幸せなほどです。煮ても揚げても身くずれしません。解凍するときは冷蔵庫へ移しておきます。

はらわたを取る

1 頭を切り落とす。

2、3 腹に包丁を入れ、肛門まで切れ目を入れて内臓を取り出し、流水の下で洗い、親指の爪で血合いをしごいて落とす。

4、5 バットの上の角ざるに上げて水気をきり、ペーパータオルで表面と腹の中の水分を丁寧にふく。

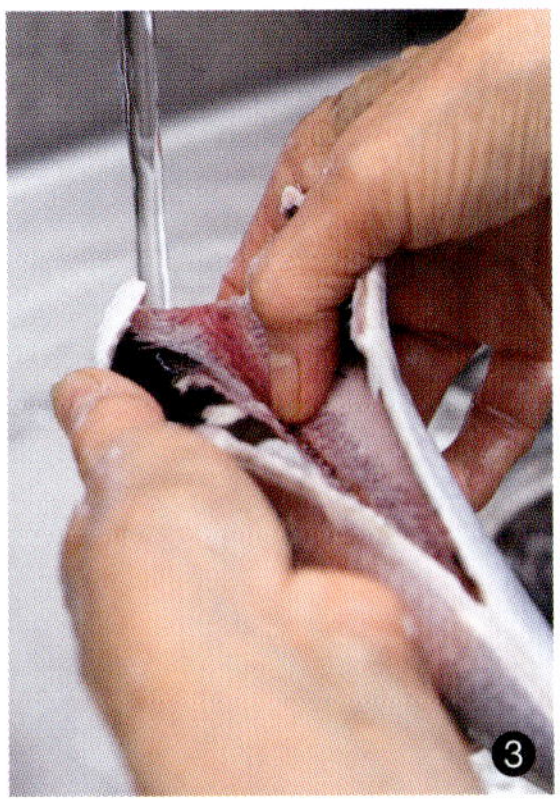

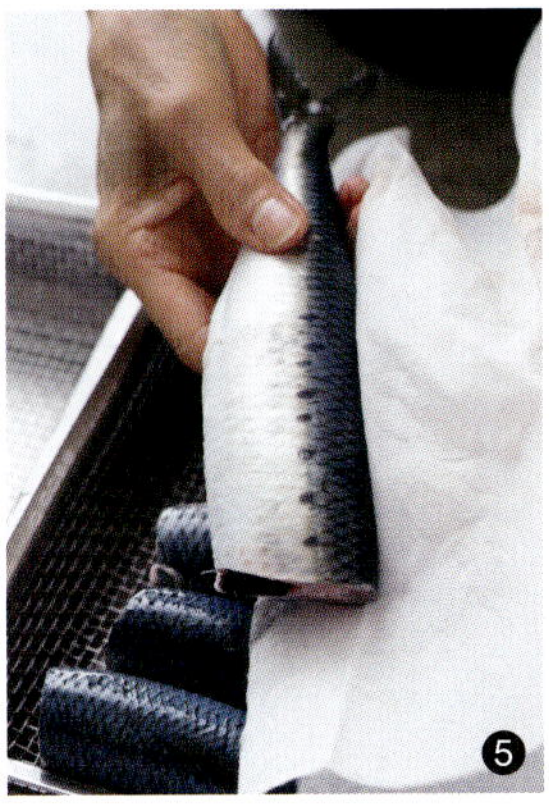

冷凍する

1、2 いわしは全体に塩をふり、しばらくおいて水気をふき取る。脱水シートの上にいわしをのせ、シートをかぶせて包み、腹の中まで密着させる。

3 アルミフォイルで包んで、バットに並べてプレートをかぶせ、冷凍庫へ入れる。完全に凍ったら冷凍用保存袋に入れて冷凍する。

解凍する

1 解凍するときは、アルミフォイルをはずし、冷蔵庫へ入れて3時間ほどおく。

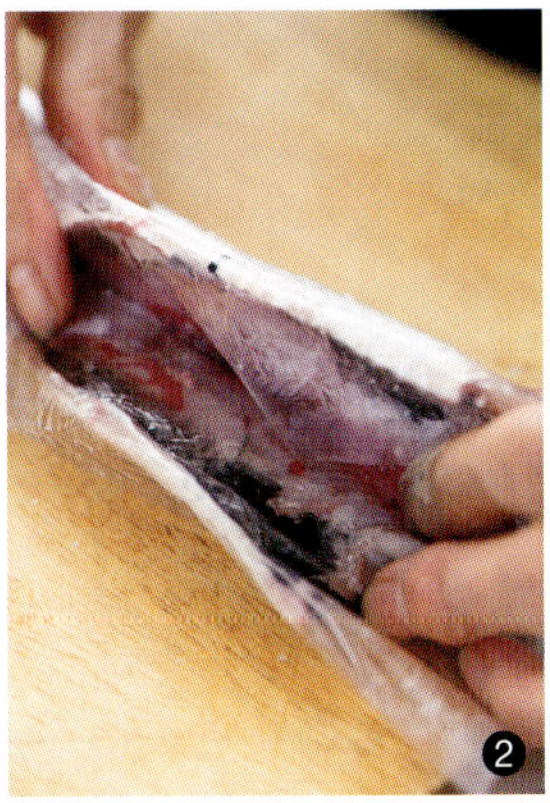

いわし

いわしのフライ

脱水したいわしに衣をつけてフライにします。腹の中まで衣をつけるのがポイントです。脱水シートによって水気が取り除かれているので、純粋なうまみだけが口に広がります。好みのソースをかけて、揚げたてをどうぞ。

[作り方]

1、2、3　衣の準備をする。小麦粉はパウダー缶に入れると余分な粉を使わなくてすむ。卵はバットに割り入れてとく。パン粉はバットに広げて入れる。

4、5、6　解凍したいわしの表面や切り口、腹の中に小麦粉をふり、軽く粉を払う。

7、8　卵液を表面と腹の中に丁寧につける。パン粉も同様に丁寧にまぶしつける。

9、10　揚げ油を中温に熱し、いわしを揚げる。背側は身が厚いので、じっくりと揚げ、火が通ったら引き上げて、油をきる。

いわしのフライ

鮭

旬は秋。漁獲量が減ってきていますが、栄養豊富で古来親しんできた魚ですから積極的にとりたいものです。さて、生鮭を買ってきたら、まず塩をして冷蔵庫に入れておきます。焼いたり汁物にしたり。揚げて南蛮漬けにすることもあります。ボイルや蒸してもいいでしょう。食べきれない分はいわしと同様、脱水シートに包んで冷凍しておきます。

塩をする

1、2　生鮭の切り身は食べやすい大きさに切って、塩をふり、冷蔵庫へ30分ほど入れておく。

鮭の焼き漬け

こんがり焼いた鮭をぽん酢に漬けた常備菜です。冷蔵すると二日ほど楽しめます。ぽん酢は柑橘酢、しょうゆ、だし汁を同割りで合わせるだけですので、簡単です。柑橘はかぼす、すだち、ゆず、だいだいなどお好みで。

[作り方]
網焼きやグリルで鮭をこんがりと焼いて、ぽん酢に漬ける。

えび

冷凍のえびの買いおきがあるとなにかと重宝ですが、解凍のしかたが肝心です。海水くらいの塩水に浸して冷蔵庫で一晩かけてもどすという方法がおすすめ。もどるとぷりぷりになり、えびの甘みが出てゆでただけで充分においしい。てんぷらやフライにするときは、尾の先と剣先に水分が含まれていますので、包丁の刃先でよくしごき出し、油はねを予防します。

解凍する

上手に解凍したえびは、ただゆでただけでもおいしさの違いがわかります。

1、2　ボウルに塩水（水1カップに対して塩小さじ1強）と冷凍えびを入れて、プレートをかぶせ、冷蔵庫におく。臭みが消え、解凍するとぷりっとした張りが戻る。

3　バットの上の角ざるに上げて水気をきる。

4　キッチンばさみで背に切れ目を入れ、竹串で背わたを取る。

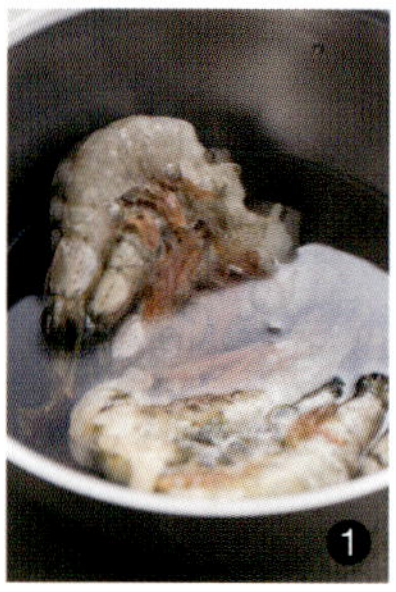

ゆでえびのマヨネーズ添え

（67ページ参照）

[作り方]
鍋にたっぷりの熱湯を沸かし、塩少々を加えて、殻つきのえびをゆでる。火が通ったらざるに上げ、水気をきる。自家製マヨネーズを添えて、殻をむいていただく。

あさり

冬から四月くらいまでが旬。春先がいちばん美味で、酒蒸しやスープ、パスタにとあさりは大活躍します。売り場に出ているのは砂抜きずみが多いですが、それでも汚れや若干の砂を含んでいますので、家で改めて砂抜きをします。この下ごしらえをすることで、別物のようにおいしくなります。

砂抜き

あさりの半分の高さの塩水に浸して冷蔵庫に入れておくと、リラックスするのか、あさりは水管を出して元気になり、砂をよく吐き出しています。

1、2　海水くらいの塩水（3％の塩分）を用意する。角バットにあさりを入れ、あさりの半分くらいの高さに塩水を入れる。海水の満ち引きと似た環境で、ひんやりとした暗く静かな場所におく。

3　2にステンレスの角プレートをかぶせて、一晩冷蔵庫に入れておく。プレートをかぶせるのは、あさりが元気よく水を吹くので、まわりが水びたしにならないように、また、暗く静かな環境になるようにするため。

4　翌日あさりは水管を出し、充分に汚れを吐き出しているので、たっぷりの水の中で殻をこすり合わせてよく洗う。

あさりの酒蒸し

和風なら日本酒、洋風なら白ワインで蒸します。そのままでもサラダやあえ物にしてもおいしいです。

［作り方］

1　鍋にあさりを入れ、酒をふりかけてふたをし、中火にかける。煮立って、あさりが口を開いたら火を止める。死んだあさりは蒸しても口が開かないので取り除く。

2、3　箸などで殻から身をはずし、蒸し汁に浸しておくと、身がジューシーになる。そのまま器に盛っていただいてもいい。身を出したままおくと、乾いておいしさは半減する。

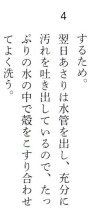

第四章

こんにゃく、豆腐、油揚げ

たたきこんにゃく

脇役としてはもちろん、ときには主役にもなるくらい食卓に欠かせない食材たちです。しこしこした食感がおいしい生芋こんにゃくは、安かろう悪かろうですので、少しくらい高くてもいいこんにゃくをお求めください。しっかり下ゆでをすればこんにゃく臭さも抜けて、味もしみ込みやすくなります。私はこんにゃくだけ、しらたきだけのおかずが大好きです。豆腐や油揚げについては鮮度がおいしさの鍵になるといえます。豆腐は無菌状態のパックで売られていることが多いので、昔に比べて日もちはするものの、古くなれば当然味が落ちますので油断しないことです。油揚げは、目の前で揚げているようなものは、そのまま食べてもおいしいはずです。一方、煮物や汁物には必ず油抜きすることで、風味よくいただけます。

油揚げの網焼き

こんにゃく

さわるとしっかりと弾力があってやわらかすぎないものを選びます。生芋こんにゃくがおいしいです。黒こんにゃくは、あらめやひじきなどの海藻の粉末で色をつけていますが、白こんにゃくは海藻を入れていないというだけの違いとか。こんにゃくそのものに含まれるあくや凝固剤として使われる消石灰が、特有の臭みやぬめりを生みますので、それを取り除くために下ゆでをする必要があります。買ってきたときに石灰臭いくらいが、おいしいこんにゃくだったりします。

また、賞味期限が長いとはいえ、心がけてなるべく早めに使いきりましょう。

切り方の種類はさまざまありますが、ここでは代表的なものをいくつか挙げてみます。

①鹿の子の切れ目を入れて角切り
②スプーンでかき取る
③たたきこんにゃく
④手綱こんにゃく
⑤薄切り

下ゆで

特有のにおいを取るために、まずすることは下ゆでです。

1　鍋にこんにゃくを入れ、たっぷりの水を入れて火にかける。沸騰してから10分以上ゆでて、取り出す。
2　すぐに水に放して冷ます。
3　ペーパータオルにとって水気をよくふき取る。

1

2

3

鹿の子の切れ目を入れて角切り

おでんや煮物に。味がよくしみます。

1 斜めに細かな切れ目を入れる。
2 90度回して、格子状になるよう斜めに細かな切れ目を両面に入れる。
3 鹿の子に切れ目が入った状態。
4 食べやすいように8等分の角切りにする。大きさはお好みで。

スプーンでかき取る

切り口の断面が多くなるため、味がしみやすくなる方法です。

1 計量用の大さじスプーンなどで、端から食べやすい大きさにかき取っていく。

薄切り

こんにゃくのおさしみや、酢みそあえに向く切り方です。

1 端から向うが見えるくらいの薄切りにする。包丁を左右に少し動かしながら切ると、切り口がさざ波状になって味がつきやすくなる。

手綱こんにゃく

難しいように見えて意外と簡単。お煮しめなどの煮物に欠かせません。

1 7〜8㎜弱の厚さの短冊状に切り、中央付近に縦に切れ目を入れる。
2、3 端の一方を穴に通して引くと、手綱こんにゃくになる。

たたきこんにゃく炒め

名料理人、「辻留」の辻嘉一さんの著書で知ったのがたたきこんにゃく。いったいどんなものなのかと思い作ってみたところ、味も見た目も牛肉の薄切りのようで、食べてみるとしこしことして実に不思議な食感でした。一度食べると病みつきに。好きでときどき作りますが、たたいている間は大きな音がしますので、昼間限定で作るようにしています。

［作り方］

1 まな板にさらしを敷き、あく抜きしたこんにゃくを置いて、さらしをもう1枚重ね、上からめん棒でまんべんなくたたく。最初はめん棒をはね返す弾力があるが、次第にそれが弱くなり、一気につぶれていく。

2 たたき続けると、薄いぼろ雑巾のようになる。ペーパータオルの上に広げて水気をきる。

3 鍋を熱してごま油をひき、たたきこんにゃくを入れて、強火でよく炒める。すると泡が出てくるが、さらに炒め続けると泡が消える。ちりちりになり焦げ目がついてくるのが目安。

4 いったん火を止めて、酒、しょうゆを加える。再び強火にかけて、汁気がなくなったらでき上り。七味とうがらしをふってもいい。

しらたき

こんにゃくが固まる前ののり状のときに細い穴に通しながらゆでたものが、しらたきですから、下ゆでが欠かせません。しっかりゆでておくと、しこしこと歯ざわりもよくなります。すきやきや鍋物に欠かせませんし、炒め煮やたらこの真砂あえと使いみちもいろいろあります。しらたきをごま油でちりちりになるまで炒めて、しょうゆをちらり。そんな酒肴もおすすめです。

下ゆで

1、2　鍋にしらたきを入れ、たっぷりの水を注いで火にかける。煮立ったら5〜6分ゆでて、バットの上の角ざるに広げ、水気をきる。長ければ食べやすく切る。

1

2

牛肉としらたきの煮物

［作り方］

1　鍋を熱してごま油をひき、しらたきを入れて水分を飛ばし、ちりちりになったら、火を止めて、しょうゆ、酒、みりんを入れる。するとみるみる調味料がしみ込む。

2、3　再び火にかけ、しょうがのせん切りをたっぷり加えて炒め、牛の切落し肉を広げる。よく炒めたら味を調え、鍋を傾けて煮汁が煮立っているところにしらたきと牛肉を移し、これを繰り返して煮汁をしっかりからめていく。

1

2

3

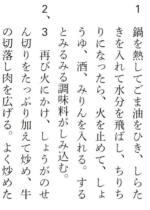

豆腐

なめらかな口当りが身上の絹ごし豆腐は、冷ややっこや豆腐サラダ、湯豆腐に。また、蒸し物にもおすすめです。一方、木綿豆腐は、豆乳をにがりなどで一度凝固させてから、それを少しくずして布を敷いた型箱に盛り込み、重しをかけて脱水したものです。しっかりとしたかたさと大豆の風味が感じられ、煮物、炒め物、あえ物、焼き物などの料理に向いています。

水きり

木綿豆腐の水きりは、バットと角ざるを組み合わせると、実にぐあいよくいきます。これを豆腐ステーキにしてもおいしいです。白あえ衣を作るときは、水きりした木綿豆腐に調味料を加え、すり合わせます。すり鉢でよくするとなめらかな仕上りに。フードプロセッサーにかけるとすばやくできます。絹ごしを少し水きりしたいときはプレートにのせてそのまま20〜30分おいておくといいでしょう。

1、2　バットに角ざるをのせ、さらしで包んだ木綿豆腐を置く。

3　上にバット2枚を重ねて置く。バットは安定がよく、豆腐の形くずれがない。冷蔵庫に1時間以上おくと、ざるの下のバットに水がたまり、豆腐の水きりができている。

1

2

3

下ゆで

豆腐を下ゆですると、つるんとした口当りが楽しめて、麻婆豆腐にぴったりです。ただし、あまりにもやわらかな絹ごしだと煮くずれしますので、豆腐をよく選んでお作りください。

1　豆腐は好みの大きさで等分に切り、沸かした湯の中に入れ、温めるように下ゆでし、バットの上の角ざるに上げておく。

1

麻婆豆腐

［作り方］

1　中華鍋にごま油を熱して、豚ひき肉を加えてよく炒める。肉の水気が飛んで脂が出てきたら、しょうがとにんにくのみじん切りを炒め、香りが出たら豆板醤、豆豉醤、酒、しょうゆ、甘み（メープルシロップか砂糖）を加えて煮る。グツグツと煮立ってきたら下ゆでした豆腐を加える。

2　鍋を揺すりながら煮て、汁気が少なくなったら、水溶きかたくり粉を加えてとろみをつけ、長ねぎのみじん切り、粉ざんしょうを加えて仕上げる。

1

2

油揚げ

みそ汁の具をはじめ、さっと網焼きして酒の肴にしたり、おいしいだしで煮てうどんの具にしたりと重宝なので、冷蔵庫に常備しておきたい食材の一つです。油揚げに欠かせない下ごしらえが油抜きですが、揚げたてのおいしい油揚げは、料理によっては油抜きの必要がありませんし、炒め物に使うときも油抜きはしません。

口を開ける

1　いなりずしを作るときは、油抜きをする前に、油揚げの上に割り箸を強めにころころと転がす。半分に切ったとき口が開けやすくなる。

油抜きする

お湯を回しかけると、きちんとかからないこともありますので、熱湯にくぐらすのがいちばん確実な方法です。

1　少量の熱湯を沸かし、油揚げを入れて10秒くらいゆがく。

2　バットの上の角ざるに上げ、水気をきる。

ごく細切り

ふわふわに細く切った油揚げを、うどんやみそ汁に入れるのが好きです。

1、2　油揚げは周囲の部分が厚くごわごわとしてかたいので、三方の端を切り落として一度開く。

3、4　油揚げを横にして置き、幅を半分に切って重ね、端からごく細く切る。

油揚げの網焼き

じか火でこんがりと焼くだけで、ご飯のおかずや酒の肴になります。

［作り方］

1　焼き網を火にかけて熱し、油揚げの両面をこんがりと焼く。

2　食べやすく切って器に盛り、さらしねぎ（20ページ参照）としょうゆをかける。

第五章 乾物

だしをとるのに欠かせない昆布、かつお節、煮干し。ミネラルや食物繊維たっぷりのひじきやわかめ。煮物に深い味をもたらす干ししいたけや干しえび。栄養豊富な大豆、黒豆、小豆などの豆類。これらの乾物があるのとないのとでは、食卓の豊かさに天と地ほどの開きが生じることでしょう。

乾物とはいえ、削り節などは袋の封を開けると変色し、風味が失われてしまうのはあっという間。最も保存のきく乾燥豆でさえ、使いかけをそのまま置き忘れてしまえば、味が劣化するのは避けられません。生鮮食品ほどではないにせよ、いい状態のうちに下ごしらえをして、使いきることが肝心です。

煮干しの下ごしらえ。左・わたを取った煮干しは、だし用。右・頭、わた、骨を取った煮干しは、炊込みご飯や炒め物に。頭は捨てずにだし用に使う。奥・苦みのあるわたは捨てる。

煮干し

腹の部分に張りがあり、銀青色に輝くものを選びます。煮干しのうまみはすごいものです。かつお節とは別趣の味わいがあります。ご飯が進むおかずにはぴったりですから、使わないのはもったいないです。水だしなら上品な甘みがあり、一番です。

わたを取る

だし用なら、頭は骨なのでだしが出ますので、もちろん捨てずに使います。みそ汁には1カップの水に煮干し7～8尾が目安。

1　まず頭をはずし、頭中の黒い部分を取り除く。腹を開いて黒い部分がわた。これを取り除く。

骨を取る

煮干しの身を炊込みご飯や煮物に使いたいときの方法です。頭と骨はだし用に加えます。

1　身を開いて、骨の部分だけ取り除く。

水だし

煮干し1袋分をすべて使って水だしをとり、残った分は小分けにして冷凍しておきます。だしを充分にとった残りはまさにだし殻。味が抜け落ち、うまみは全くないので、もったいないようですが捨てます。水1カップに対して7～8尾を目安に。

1　ボウルに煮干しを入れて充分かぶるくらいの水を注ぎ、プレートをかぶせて冷蔵庫に一晩おく。

2、3　ボウルに浅型ざるをのせて絞ったさらしを広げ、1を注ぐ。

4　さらしの四隅を持ち上げておく。水だしのでき上り。使わない分は密閉容器に七分目ほど入れ、冷凍庫で保存する。

しめじと青菜のみそ汁

みそをざるでこすと、すっきりとした味になります。

［作り方］

1　鍋に煮干しの水だしを入れて火にかけ、沸騰したらしめじをさっと煮て、みそをざるで溶き入れ、青菜を加えて仕上げる。

昆布

我が家ではだし用として利尻昆布を主に、料理によって日高、羅臼、真昆布と使い分けています。だしのとり方は、水に浸すだけの方法と、水とともに火にかけて引き出す方法の二通りがありますが、どちらも難しくありません。昆布じめの後の昆布やだしをとった後の昆布は、細切りにしてあえ物や即席漬けに加えたり、角切りにしてつくだ煮にしたり、煮物を作るときに落しぶた代りにしたりと使いきり、捨てません。

水だし（5カップ分）

昆布の汚れをさっと落とし、容器に水とともに入れて冷蔵するだけ。湯豆腐でそのおいしさを味わってみてください。なお、昆布の切れ目は、必ずしも入れる必要はなく、細く切ってあえ物に使いたいときなどは、切らずに水に浸しています。

1　昆布20〜25cmに切れ目を入れておく。

2、3　容器に昆布を入れ、水5カップを注ぎ、冷蔵庫に一昼夜おく。

4　昆布を取り出す。

※煮出す場合は60℃くらいに保ち、50分ほど火にかける。

1

2

3

4

残っただしは冷凍する

煮干しだし、昆布だし、合せだし。この三つのだしは必ず多めにとって残ったら冷凍しています。冷凍すると膨張するので、密閉容器にだしを七分目まで入れます。また、だしの種類と作った日付を書いたラベルを貼っておくのも忘れずに。あまり長く冷凍しておくと、風味が落ちますので、なるべく早く使いきりましょう。

解凍する

1　冷凍庫から取り出し、しばらく常温におくと、まわりから溶けてくる。先に溶けるのがだしの濃い部分。最後まで残る中心部は、うまみが薄くなっている。

1

昆布の煮物

［作り方］

箸休めにいい一品。だしをとった昆布にもどした干ししいたけ（90ページ参照）を加えて煮て、酒、みりんかメープルシロップ、しょうゆで調味。

かつお節

袋入りの削り節であっても、できるだけ削りたての味と香りを楽しみたいものです。それには封を開けたらすべて使いきるのが一番。昆布とかつお節の合せだしには〝鍋に箸が立つほどかつお節を入れる〟と母から習ったものでした。多めにだしをとっておけば、すぐに使わない分は冷凍しておけばいいので、忙しい身には重宝します。なお、かつお節の品質により5の時間が異なります。

かつお節と昆布のだし（10カップ分）

水1カップに対してかつお節10gが目安。でき上り10カップ分をとるために11カップ強の水を加えるのは、かつお節が1カップ分吸ってしまうため。

1　鍋に昆布20cmと水11カップを入れてしばらくおく。昆布が広がったらごく弱火にかけ、ゆっくりと昆布のうまみを引き出す。

2　60℃で40〜50分、火にかけたら昆布を取り出し、火を少し強くする。

3、4　煮立ったら火を止めると同時にかつおの削り節100gを入れ、菜箸でそっと沈める。

5　鍋の中央にスプーンを入れて味見をし、だしが充分に出るまで、途中、味見をしながら7〜10分ほどおく。

6　ボウルに浅型のざるをのせ、絞ったさらしを広げて、5を静かに注ぎ、四隅でかつお節を包む。

7　上等なおすましにするときは、絞ったものは入れず、自然に落ちただしのみ使用する。

8　絞っただしは煮物やみそ汁、炊込みご飯、たれなどに使用する。

※かつおの削り節には2種類ある。血合い抜きのかつお節は上品な風味のだしがとれるので、おすましに。血合い入りは薄茶色に仕上がる万能だしで、汁物、たれ、煮物、炊込みご飯に使う。

干ししいたけ

どうしてこんなにおいしいのかと思うほど、干ししいたけはうまみの塊。時間をかけてじっくりともどし、調理も時間をかけておいしさを充分に味わいましょう。

水にもどす

1　瓶に干ししいたけを入れ、高さぎりぎりまで水を注いでふたをする。ふたをするとこぼれるくらいだと、干ししいたけが丸ごと水につかっている状態になる。

2　冷蔵庫に入れ、丸一日おく。

3、4　軸までしっかりもどった状態。取り出してまな板に置き、軸を押し出すようにして、包丁で切り取る。軸はだし殻の昆布と煮ておくとよいおかずになる。

1

2

3

4

きくらげ

裏白と呼ばれるきくらげを愛用しています。よくもどすと思いがけないほど大きく広がるのが特徴です。あえ物、炒め物、煮物、炊込みご飯と幅広く使うことができます。

もどして炒める

少し多めにもどしておき、しょうゆ炒めにした常備菜はいかが。焼きそばや中国風のサラダやスープに加えても、薄切りの豚肉と炒めてもおいしいものです。

1　きくらげはボウルに入れて水を注ぎ、浮かないようにプレートをかぶせて冷蔵庫に入れ、1時間おいてもどす。しんまでもどっていればOK。

2　大きさを切りそろえて重ね、丸めて端からごく細く切る。

3、4　フライパンを熱してごま油をひき、きくらげを広げてよく炒める。油がよく回って火が通ったら、しょうゆとこしょうで調味し、すぐにバットに広げて粗熱を取る。密閉容器に入れて冷蔵庫で数日保存ができる。冷凍も可。

1

2

3

4

きくらげとザーサイのあえそば

蝦子麵という中国の乾麵をもどして、きくらげのしょうゆ炒めとザーサイなどをあえる夏向きの料理です。

［作り方］

蝦子麵は熱湯に入れてもどし、ざるに上げてごま油を回しかける。これを器に入れて、きゅうり、長ねぎ、しょうが、ザーサイのみじん切りを盛大に散らし、きくらげのしょうゆ炒めをたっぷりとのせ、香菜のざく切りを天に盛る。ライムをしぼって、混ぜながらいただく。

ザーサイのみじん切り

ザーサイは水に浸して好みの塩加減にしてから使います。包丁でみじん切りにすると骨が折れますが、フードプロセッサーにかければ、あっという間。豆腐にのせたり、チャーハンに入れても美味。

1 ザーサイは水で洗って、塊を二〜三つに切り、水に浸して塩分を取り除く。途中水を替えながら、味見をして、塩気を確認する。

2 程よく塩気が抜けたら、フードプロセッサーに入れて攪拌し、みじん切りにする。

わかめ

鳴門の乾燥わかめを愛用しています。以前、鳴門の浜で、海から引き揚げたわかめをお風呂のような釜でゆでたり、干したりしている作業を見学したことがありますが、大変なお仕事でした。渦潮にもまれたわかめは、こりこりっとした歯ざわりのよさも抜群。わかめのような自然の形を切り整えるのは少し手間ですが、切り残しがない、きれいな料理ができます。

水にもどす

わかめは軸の部分もこりこりとしておいしいので、ほかの部分と切りそろえて使います。

1　ボウルにたっぷりの水を入れ、わかめを浸しておく。10分ほどたってわかめがもどったら、ざるに上げて水気をきる。

2、3　わかめの軸の部分を上にして広げ、重ねて折りたたむ。

4　3を横にしてまな板に置く。軸の部分を切り取り、それを等分に切って、ほかの部分と重ねる

5　端から3～4cmの長さに切りそろえる。

※酢の物など、そのまま食べるときは、プロセス1でもどしたわかめを、熱湯に一度さっと通しておく。

1

2

3

4

5

わかめのしょうゆ炒め

わかめがたくさん食べられるおかずです。水分がありますので、油はねには注意してください。

［作り方］

フライパンを熱してごま油をひき、わかめを広げて炒める。水分が飛んできたら、しょうゆを回しかけ、香りが立ったら火を止める。器に盛り、白髪ねぎ（20ページ参照）をたっぷりのせる。

長ひじき

長崎の長ひじきは太くて長く食べごたえがあるので大好きです。1袋すべてを水にもどして、しょうゆ炒めなどシンプルに調理しておくと、便利です。小分けにしておくと重宝です。

水にもどす

ひじきはよくもどしてしっかり水気をきることが大事。ごま油で炒めるときはしょうゆで味つけ。オリーブオイルで炒めるときは塩で味つけ。すると料理の方向性を変えて楽しめます。

1 ボウルに水をたっぷりと入れ、ひじきをざっと洗って浸し、10分ほどおく。

2 ひじきを1本取り出し、爪で切れる程度になったら、ざるに上げる。

3 水気をしっかりときったら、これをはさみか包丁で、食べやすい長さに切りそろえる。

ひじきのしょうゆ炒め

[作り方]

1 底が広い鍋を火にかけて熱し、ごま油をひいてひじきを炒める。酒を多めに加え、みりん少々、しょうゆ適量を加え、鍋の中央に汁気がなくなるまでしっかり炒める。

2 バットに広げて粗熱を取る。

ひじきと油揚げのあえ物

ご飯はもちろん、酒の肴にもいいあえ物です。

[作り方]

1 バットにひじきのしょうゆ炒めを広げ、焼いて細切りにした油揚げと白いりごまをのせてあえる。

小豆

体にいいことはわかっていても、敬遠してしまうという人にこそ〝一度にゆでて残りを冷凍する〟ことをおすすめします。いちばん大事な下ごしらえは、水にもどす作業です。よくもどすことで早くふっくらと火が通ります。豆にもよりますが、大豆、小豆なら一晩から二晩、ひよこ豆なら二晩冷蔵庫でもどします。もどした豆を食べてみて、青くささはあっても、こりこりと食べられればOK。我が家では小豆をふっくらやわらかくゆでておいて、塩をぱらぱらふって食べたり、メープルシュガーをかけてみたり、薄甘く煮てみたりと、変化を楽しむようにしています。食べない分は、もちろん冷凍しています。

水にもどしてゆでる

あくがあるので、2〜3回ゆでこぼします。

1、2、3　ボウルに小豆を入れ、水をたっぷりと注いで冷蔵庫に入れる。一晩おいて小豆がしっかりもどったら、新しい水とともに鍋に入れて強火にかける。充分もどっていなければ、もう一晩もどす。

1

2

3

煮立ったらゆで汁を捨て、新しい水に取り替える。これを2〜3回繰り返し、ごくやわらかくなるまで、ふたをせずに弱火で1〜3時間ほどゆでる。水が常に豆の上まであるように注意する。豆によって時間差がある。

黒豆

大豆の一種で栄養豊富な豆です。おせち料理にも欠かせません。甘く煮る以外にも、炒めたりサラダにしたり、おいしい食べ方が意外とたくさんありますよ。

水にもどしてゆでる

1　ボウルに黒豆を入れ、水をたっぷりと注ぐ。プレートをかぶせて冷蔵庫に入れる。

2、3　1〜2日おいてしっかりともどし、充分に膨らんで生の豆のような歯ごたえになったらいい。

1

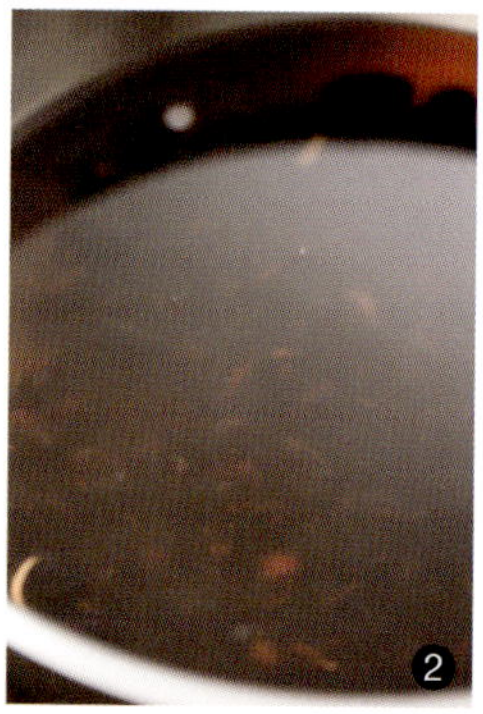
2

4、5　鍋に3を入れて、強火にかける。煮立ってあくが出てきたらすくい、弱火にして豆が躍らないようにコトコトとゆでる。食べてみて豆がやわらかくなったら火を止めてそのままおく。粗熱が取れたら、使わない分を密閉容器にゆで汁ごと入れて冷凍する。

3

4

5

黒豆と玄米のサラダ

玄米が苦手という方は、こんな料理を試してみてはいかがでしょう。いろいろな豆を取り合わせると、食感や甘さの違いを楽しむことができます。

［作り方］

1 炊きたての玄米ご飯に、ゆでた黒豆、枝豆、とうもろこし（42ページ参照）を加えて混ぜ合わせる。

2 オリーブオイルと塩で調味し、最後に低温で揚げたセージの葉をのせる。

黒豆と豚肉の炒め物

豚肉の脂で黒豆を炒めるブラジル系の料理です。黒豆は歯ごたえを感じる程度にゆでると、よりおいしくなります。

［作り方］

1 炒め鍋を火にかけて熱し、角切りの豚バラ肉とつぶしたにんにくを入れて焼く。豚肉の表面を焼きつけて脂が出てきたら、ローリエ、赤とうがらし、塩で調味する。

2 1に黒豆を入れてよく炒め、最後に粗い粒塩で味を調える。

下ごしらえの道具について

下ごしらえには使いやすい道具が必要です。使いやすい道具とは、料理のプロセスの流れが滞ることなく、スムーズに進む道具のことです。いかに毎日の料理をストレスなく進めていくか、日々の料理からラバーゼのシリーズが生まれました。食材を洗ったり、切ったり、ストックしたりとさまざまなシーンがあり、きちんと収納するところまでがプロセス。ずっと使い続けている下ごしらえの道具には、それなりのよい理由があります。ラバーゼとそのほかの道具について、ここでご紹介します。

1
正方形の小型まな板。刃当りがよく、洗うのが楽で、自立するので乾かすのも楽（ラバーゼ）。まな板の下にぬれぶきんを敷くと安定して、切りやすくなる。

2
キッチンばさみ（ツヴィリングJ.A.ヘンケルスジャパン）と包丁。包丁はこの3本をぜひそろえたい。右からペティナイフ、三徳包丁、フレキシブルスライサー（3本ともにラバーゼ）。

3
薄切りにしたり、おろしたりする道具類。上からステンレス製のアジャスタブルスライサー・ハンドガードつき（レズレー）。海外で求めたチーズおろし。シンプルなにんにくつぶし（清水刃物工業所）。おろし金とおろし笊（ともに有次）。おろし笊はゆずの皮をおろしたときに。

4
ステンレス製のツールスタンド（ラバーゼ）に調理道具を立てて収納。菜箸や盛りつけ箸（市原平兵衛商店）、トングのほかに、ブラックスプーンとフレキシブルへら、網じゃくしも必需品（3点ともにラバーゼ）。

5
ひき肉作りや玉ねぎのみじん切りによく使うのがフードプロセッサー（クイジナート）。

6
あじなどの魚の小骨を抜くときの骨抜き（有次）。

7
ゆで物、煮物などに必要なあく取り。

8

9

12

11

10

8
ステンレスボウル、ざる、プレート、浅型ざるは、それぞれ大、中、小があり、すべてのサイズで組合せができる。プレートをふたにするとボウルが何段でも重ねられ、冷蔵庫ではよく冷える。浅型ざるは水きりや、こし器として。浅型ざるはだし汁をこすときに便利。使い方は工夫次第（すべてラバーゼ）。

9
ステンレス角バットは使いやすいワンサイズのみ。角ざるとの併用で、使い方が極めて広くなり、下ごしらえに欠かせない。角プレートもある（ラバーゼ）。

10
鉄揚げ鍋は、揚げかごとはね防止ネットで、揚げ物が格段に楽に、上手にできる（ラバーゼ）。

11
鉄フライパン。鉄がいちばんおいしくできる。こびりつきにくく、手入れが楽なブルーテンパーを使用。料理好きが選ぶ道具（ラバーゼ）。

12
ステンレス製のパウダー缶。無駄に粉を使うことなく、必要量だけがきれいにふりかけられる。持ちやすいサイズ（ラバーゼ）。

・ラバーゼ（和平フレイズ）
オフィシャルサイト labase.jp
・ツヴィリング J. A. ヘンケルスジャパン
tel.0120-75-7155
・レズレー（サンテミリオン）
tel.055-273-1420
・清水刃物工業所
tel.0575-22-1549
・有次
tel.075-221-1091
・市原平兵衛商店
tel.075-341-3831
・クイジナート（コンエアージャパン）
tel.03-5413-8353

有元葉子（ありもと・ようこ）

料理研究家。料理は掛け値なくおいしく、材料、調理法は極力シンプルであることをモットーに、食の安全や環境への配慮も重視した食生活を提案。また使い手の立場に立ったキッチン道具の開発にも力を注ぎ、好評を博している。著書に『干し野菜のすすめ』『無水鍋で料理する』『有元葉子の無水鍋料理』『だしとスープがあれば』『有元葉子のマリネがあれば』『有元葉子　うちのおつけもの』『有元葉子の「バーミキュラ」を囲む食卓』（いずれも文化出版局）など。

デザイン　伊丹友広　新 由紀子（IT IS DESIGN）
撮影　久間昌史
校閲　山脇節子
編集　浅井香織（文化出版局）

はじめが肝心
有元葉子の
「下ごしらえ」

2018年6月17日　第1刷発行
2018年7月19日　第2刷発行

著　者　有元葉子
発行者　大沼 淳
発行所　学校法人文化学園 文化出版局
〒151-8524 東京都渋谷区代々木3-22-1
電話03-3299-2565（編集）
03-3299-2540（営業）
印刷所　凸版印刷株式会社
製本所　大口製本印刷株式会社

文化出版局のホームページ　http://books.bunka.ac.jp/